法人融資手引シリーズ

融資審査
第3版

髙橋 俊樹

［著］

一般社団法人 金融財政事情研究会

第 3 版の刊行にあたって

　今般、本書の第 3 版を刊行する運びとなった。第 2 版の刊行は、リーマンショック直後の景気後退期で、中小企業金融の危機が叫ばれ、金融円滑化法が施行される直前であった。その後金融機関の融資部門にとっては、それまでの融資審査の常識が大きく揺さぶられるような事態に見舞われ一時混乱に陥ったが、そのなかから、担保や保証に過度に依存しない融資審査手法の工夫や、企業のライフサイクルに応じたコンサルティング機能の強化といった、金融仲介機能をよりよく発揮するための前向きの考え方が広く認識されるに至っている。

　昨今の金融機関を取り巻く環境は、現実となりつつある人口減少と高齢化が地域経済・社会に与える影響、景気が回復基調に転じたにもかかわらず大多数の中小企業がその恩恵に浴せない状況、格差社会の拡大による社会不安など、かつての右肩上りの経済成長が見込まれないことにより、ビジネスモデルの再構築や金融機関同士の合従連衡・再編成を余儀なくされる局面にさらされている。したがって今般の改訂にあたっては、最近の金融環境の変化を敷衍した融資審査のあり方を、極力盛り込むことに留意した。個人保証への対応や事業性を評価した審査などがそれである。

　それにしても、ここ数年来の企業経営者の資質やモラルの低下には慨嘆せざるをえない。米国流の強欲資本主義の影響なのか、短期的利益を極大化することに執心する余り不正や不祥事の発生を許し、一挙に企業経営の不安定化を招く事例が後を絶たない。融資を行う金融機関としては、いつ、どこで、地雷を踏むか分らない状況である。そのような理由で、今般は企業の内部統制環境についてかなりの加筆を行った。内部統制が効果をあげるためには、経営者の自覚と率先垂範が何より重要である。融資審査においても、その点を重点的に診るべきであろう。

現在は、奉職する銀行や信用金庫・信用組合などが、数年後にはどのような状況にあるのか見通せない流動的な時代に突入している。そのなかにあって融資業務は、引き続き金融ビジネスの中核を占めることになると確信する。読者諸兄姉が融資の技量を磨いて、時代の変化の波を潜り抜けるよう期待し、その際に本書が何がしか役に立てば幸いに思う次第である。

　　平成27年（2015年）7月　　　　　　　　　　　　　　　髙橋　俊樹

第 2 版の刊行にあたって

　新金融実務手引シリーズの 1 編として『融資審査』を執筆してから約 4 年が経過した。この間、旧来の不良債権処理はようやく一段落し、金融機関は積極的に優良貸出資産の増強に打って出る態勢を整え、低落を続けていた貸出残高も再び上昇傾向をみせてきたところ、アメリカのサブプライム・ローン破綻に端を発した 2008 年の世界的な金融市場の大混乱が、わが国経済にも未曾有の景気停滞をもたらし、新たな不良債権も激増している状況から、金融機関の融資姿勢は再び慎重かつ消極的になっている。しかしこのまま金融機関が消極的な融資姿勢をとり続けるならば、経済の活性化の足を引っ張ることになり、景気回復のチャンスはさらに遠のき、金融機関経営にもブーメランのように悪影響を及ぼすことになろう。ここは積極的な融資業務の展開が求められる。

　一方、金融機関はこの数年来、融資に強い人材の育成に注力しており、拙著もこの面でいささか役に立ったようで、筆者として大きな喜びを覚える。そこで今般、版を改めるにあたり、融資業務をめぐるこの 4 年間の新たな動きを踏まえて、若干の手直しを行うこととした。この新版が、融資業務に携わる金融機関役職員諸兄姉のさらなる融資力アップに資することを祈るものである。

2009 年 7 月

髙橋　俊樹

はじめに

　いまさらあらためていうことでもないが、わが国経済のバブル崩壊後の混乱、なかでも金融システムの崩壊危機の収束作業は困難を極め、15年余の長期間と100兆円規模の資産を食い潰して、ようやく最終段階を迎えたようである。しかしこの間、11行あった都市銀行はいまや3つのメガバンクグループに集約され、また少なからぬ数の金融機関が破綻した。

　2005年3月期の決算において主要行は、ようやく不良債権処理の克服を宣言し、新たな金融活動に本格的に打って出る姿勢を明らかにしており、地方銀行においても不良債権処理を進めつつ、リレーションシップバンキングに軸足を置いた新たなビジネスモデルの構築に乗り出そうとしている。

　こうして、金融機関は財務面での負の遺産の処理を終えたが、バブル経済の過程で金融機関が失ったものが、実はもう1つある。それは「融資業務における審査能力」である。換言すると、「顧客の信用力を適正に評価して、健全な融資を積極的に取り上げていく営業力」といってもよい。バブル経済の時代には、物的担保の評価額に過度に依存し、顧客の経営体力以上の融資が行われたことも珍しくなかった。このような基本ルールを踏み外した融資がはびこった結果、それまでに金融機関が蓄積してきた融資審査のノウハウが軽視されあるいは忘れ去られて、審査能力を有する人材が激減してしまったのである。

　バブルの遺産が克服され、金融機関は再び融資業務へ回帰する姿勢をみせているものの、昨今の健全な貸出資産の伸びは芳しいものではない。顧客の資金ニーズの盛上りが弱いということも一因であるが、もっと深刻な問題として、金融機関サイドにおける、健全な資金ニーズをキャッチし優良な貸出資産に結びつけていく能力が低下していることがあげられる。

　これは金融機関経営の今後を考えるとき由々しき問題であり、一刻も早く

融資業務に強い人材を確保・育成しなければならない。そのためには、金融機関としての研修・教育システムの構築を急ぐとともに、営業店で融資業務に携わる担当者や役席者によるスキル向上のための自己研鑽が何よりも求められる。経営トップがいくら優良貸出資産獲得の号令を掛けても、それを実現するための営業スタッフの能力が向上しなければ、その効果はあがらない。金融機関職員の個々のレベルアップが期待されるところである。

2006年1月

髙橋　俊樹

■ 著者略歴 ■

髙橋　俊樹（たかはし　としき）
　1941年札幌生まれ。
　1964年東北大学法学部卒、同年東海銀行入行。営業店勤務の後、1983年融資部審査役。以後、融資部東京管理課長、融資第二部次長、融資管理部参事役を経て、2001年12月同行退職。
　2002年１月北洋銀行入行。融資第二部指導役。2006年１月同行退職。

〈主な著書〉
『稟議書の書き方・考え方の基本』
『実例に学ぶ　金融機関の債権償却〈第４版〉』
『いまさら聞けない融資の常識50考』
『Q&A　金融検査マニュアル改訂のポイント』〈共著〉
（以上、いずれも金融財政事情研究会刊）

目　次

第1章　融資審査の基本

第1節　融資の基本原則 ………………………………………………………… 2
1　融資判断の基本姿勢 ……………………………………………………… 2
2　融資の5原則 ……………………………………………………………… 3
　(1)　安全性の原則 ………………………………………………………… 3
　(2)　収益性の原則 ………………………………………………………… 6
　(3)　成長性の原則 ………………………………………………………… 7
　(4)　流動性の原則 ………………………………………………………… 8
　(5)　公共性の原則 ………………………………………………………… 8

第2節　金融機関における融資業務の位置づけ ……………………………… 10
1　融資業務は基幹的業務 …………………………………………………… 10
　(1)　金融仲介機能としての融資 ………………………………………… 10
　(2)　信用創造機能としての融資 ………………………………………… 11
2　融資業務の変化 …………………………………………………………… 12
3　取引先との共存手段 ……………………………………………………… 13

第3節　融資審査のスタンス …………………………………………………… 14
1　融資担当者に求められる資質 …………………………………………… 14
2　融資審査の基本 …………………………………………………………… 14
　(1)　原則に忠実な判断 …………………………………………………… 14
　(2)　実績データに基づく将来予測 ……………………………………… 15
　(3)　常識を磨くこと ……………………………………………………… 16
　(4)　基本的折衝姿勢 ……………………………………………………… 17
　(5)　調査に際して留意すること ………………………………………… 17
3　融資セールス ……………………………………………………………… 18
　(1)　融資セールスとは …………………………………………………… 18

(2) 新規取引先に対する融資判断 19
第4節　信用リスク管理のもとでの融資業務 20
　1　信用リスク管理の重要性 20
　　(1) 信用リスク 20
　　(2) 市場リスク 21
　　(3) 流動性リスク 21
　　(4) オペレーショナル・リスク 21
　2　信用リスク管理の実際 22
　　(1) 信用リスク管理の手法 22
　　(2) 信用リスクの把握 23
　　(3) 信用リスク管理態勢の確立 23
　3　信用リスク管理下の融資判断 24
　　(1) 信用リスク管理を意識した融資判断 24
　　(2) 日本銀行の「リスク管理チェックリスト」 25

第2章　融資先の実態把握

第1節　「目利き」ということ 28
　1　「目利き」の必要性 28
　　(1) 「目利き」の意味するもの 28
　　(2) 「目利き」のための態勢 29
　　(3) 「目利き」が重視される理由 30
　2　「目利き」のポイント 30
　　(1) 経営者の評価 31
　　(2) 事業素質の評価 32
　　(3) 債務の償還能力とキャッシュフローの検証 33
　　(4) ROAの評価 34
第2節　信用調査 36

1　信用調査の意義と目的 ·· *36*
　　2　信用調査のポイント ·· *37*
　　3　信用調査の進め方 ·· *37*
　　　(1)　資料の収集と分析 ·· *38*
　　　(2)　関係者との面接 ·· *40*
　　　(3)　実地調査 ·· *40*
　　　(4)　側面調査 ·· *41*
　　4　信用調書の作成 ·· *41*
　　　(1)　企業概要 ·· *41*
　　　(2)　業界動向および対象企業の地位 ·· *42*
　　　(3)　事業内容 ·· *43*
　　　(4)　財務状況 ·· *44*
　　　(5)　今後の見通し、所見 ·· *44*

第3節　経営資源の調査・分析
　　1　「ヒト」の調査・分析 ·· *45*
　　　(1)　経営者（トップマネジメント） ·· *45*
　　　(2)　経営の運営形態 ·· *47*
　　　(3)　後 継 者 ·· *47*
　　2　「モノ」の調査・分析 ·· *48*
　　　(1)　業界の調査 ·· *48*
　　　(2)　事業素質 ·· *49*
　　3　「カネ」の分析—財務分析 ·· *51*
　　　(1)　銀行取引状況 ·· *51*
　　　(2)　財務諸表 ·· *51*
　　4　経営資源としての情報管理・活用面の評価 ······························ *52*

第4節　財務諸表分析
　　1　財務諸表分析の目的と留意点 ·· *54*
　　　(1)　財務諸表分析の目的 ·· *54*

(2) 財務諸表分析の留意点 ································· *55*
　2 財務諸表分析の着眼点 ····································· *55*
　　(1) 収益性分析 ··· *56*
　　(2) 安全性分析 ··· *56*
　　(3) 生産性分析 ··· *56*
　　(4) 成長性分析 ··· *56*
　3 財務諸表分析の手法 ······································· *57*
　　(1) 実数分析 ··· *57*
　　(2) 比率分析 ··· *58*
　4 収益性分析 ··· *59*
　　(1) 損益計算書による収益性分析 ··························· *59*
　　(2) 貸借対照表との関連分析 ······························· *62*
　　(3) 損益分岐点分析 ······································· *64*
　5 安全性分析 ··· *66*
　　(1) 貸借対照表による安全性分析のポイント ················· *66*
　　(2) 勘定科目のチェック ··································· *67*
　　(3) 比率分析 ··· *67*
　　(4) 資金繰り、運用・調達分析（実数分析） ················· *70*
　　(5) キャッシュフロー計算書による分析 ····················· *79*
　6 生産性分析 ··· *82*
　　(1) 付加価値労働生産性 ··································· *82*
　　(2) 付加価値率 ··· *82*
　　(3) 設備投資効率（設備生産性） ··························· *83*
　　(4) 労働装備率 ··· *83*
　　(5) 労働分配率 ··· *83*
　　(6) 従業員1人当り売上高 ································· *83*
第5節　**内部統制面の充実** ···································· *85*
　1 内部統制面の点検の重要性 ································· *85*

  2 会社法等の求める内部統制 ································· 85
  3 内部統制の構成要素 ····································· 86
   (1) 会社法が求める内部統制体制 ························· 86
   (2) 内部統制の基本的構成要素 ··························· 87
  4 内部統制面の検証ポイント ······························· 88
   (1) リスク管理体制 ····································· 88
   (2) コンプライアンス体制（統制環境） ··················· 91
   (3) 中小企業における内部統制体制 ······················· 94

第3章　融資の種別

第1節　長期資金と短期資金 ······································ 96
 1 長期資金 ··· 96
 2 短期資金 ··· 97
第2節　設備資金と運転資金 ······································ 99
 1 設備資金 ··· 99
 2 運転資金 ·· 100
  (1) 長期運転資金 ··· 100
  (2) 短期運転資金 ··· 101
第3節　前向き資金と後向き資金 ································· 103
 1 後向き資金とは ·· 103
  (1) 減産資金 ··· 103
  (2) 赤字資金 ··· 103
  (3) 債権固定化資金 ··· 104
  (4) 在庫調整資金 ··· 104
 2 救済融資への対応姿勢 ······································ 104
第4節　融資業務の勘定科目 ····································· 106
 1 固有業務 ·· 106

目　次　11

(1)	手形割引	106
(2)	貸付金	108
(3)	コール・ローン	109

2　付随業務 ·· 110
　(1)　支払承諾 ··· 110
　(2)　貸付有価証券 ··· 110

第5節　新しいコンセプトの融資 ······································ 112
1　スプレッド融資 ·· 112
2　デリバティブを利用した融資 ····································· 113
　(1)　スワップ取引 ··· 113
　(2)　オプション取引 ··· 114
　(3)　フューチャー取引 ··· 114
　(4)　デリバティブを利用した融資 ································· 114
3　ノンリコース型プロジェクト融資 ································ 115
4　シンジケートローン ·· 115
5　コミットメントライン ·· 116
6　コベナンツ（財務制限条項）付きの融資 ················ 117
7　動産・売掛金担保融資（ABL） ······························· 118

第4章　資金使途の把握

第1節　資金使途把握の重要性 ······································ 120
1　資金使途とは ·· 120
2　資金使途の確認 ·· 120
　(1)　資金使途の確認とは ··· 120
　(2)　資金繰表による検証 ··· 121
　(3)　資金運用表による検証 ··· 122
　(4)　経常収支比率による検証 ····································· 122

3　資金使途の事後フォロー ……………………………………………………… *122*
第2節　**資金使途の種類** ……………………………………………………… *124*
　1　設備資金 …………………………………………………………………… *124*
　　(1)　設備資金の種別 …………………………………………………………… *124*
　　(2)　設備投資計画の検証 ……………………………………………………… *126*
　　(3)　設備投資の所要資金、調達方法の検証 ………………………………… *128*
　　(4)　設備投資効果の測定手法 ………………………………………………… *129*
　2　運転資金 …………………………………………………………………… *130*
　　(1)　経常運転資金 ……………………………………………………………… *130*
　　(2)　増加運転資金 ……………………………………………………………… *133*
　　(3)　決算資金、賞与資金 ……………………………………………………… *134*
　　(4)　つなぎ資金 ………………………………………………………………… *134*
　　(5)　季節資金 …………………………………………………………………… *135*
　　(6)　在庫資金、滞貨資金 ……………………………………………………… *135*
　　(7)　投融資資金 ………………………………………………………………… *136*
　　(8)　資本構成改善資金 ………………………………………………………… *136*
　　(9)　肩代り資金、借換資金 …………………………………………………… *137*
　　(10)　減産資金、赤字資金、債権固定化資金、救済資金 …………………… *137*
第3節　**返済財源の検証** ……………………………………………………… *138*
　1　返済財源とは ……………………………………………………………… *138*
　2　資金使途と返済財源 ……………………………………………………… *139*
　　(1)　経常運転資金 ……………………………………………………………… *139*
　　(2)　増加運転資金 ……………………………………………………………… *139*
　　(3)　決算資金、賞与資金 ……………………………………………………… *140*
　　(4)　つなぎ資金 ………………………………………………………………… *140*
　　(5)　季節資金 …………………………………………………………………… *140*
　　(6)　在庫資金、滞貨資金 ……………………………………………………… *140*
　　(7)　その他の長期運転資金 …………………………………………………… *141*

(8) 設備資金 ·· *141*
第4節　返済条件の検証 ··· *142*

第5章　企業格付と金利

第1節　企業格付の目的と仕組み ··· *144*
　1　信用格付制度 ·· *144*
　(1) 信用格付とは ··· *144*
　(2) 信用格付と企業格付 ·· *145*
　2　企業格付の目的 ·· *146*
　(1) 信用リスク管理 ·· *146*
　(2) 信用リスクの計量化 ·· *147*
　(3) 融資先に対する取引方針の策定 ·· *147*
　(4) 金融機関全体の融資戦略の策定 ·· *148*
　3　企業格付の仕組み ·· *148*
　(1) 企業評価と取引評価 ·· *148*
　(2) 企業格付の区分例 ··· *149*
　4　格付の評価項目と対象先 ··· *151*
　(1) 企業評価の対象項目 ·· *151*
　(2) 企業評価の留意点 ··· *152*
　(3) 取引評価の対象項目 ·· *154*
　(4) 企業格付の対象先 ··· *154*
第2節　企業格付の手法 ··· *155*
　1　格付の決定プロセス ··· *155*
　(1) 一次測定（企業の債務償還能力の測定） ··· *155*
　(2) 二次測定（補完的債務償還能力の測定） ··· *155*
　(3) 三次測定（自己査定上の債務者区分基準との整合性チェック） ············ *156*
　2　格付の運用、見直し ··· *156*

第3節 金利の決定 ……………………………………………………………… *157*
  1 貸出金利の決定システム ………………………………………………… *157*
    (1) 金利自由化の影響 ……………………………………………………… *157*
    (2) 短期貸出金利と長期貸出金利 ………………………………………… *157*
  2 金利の決定要因 …………………………………………………………… *158*
    (1) 債権回収の確実性（信用リスク）…………………………………… *158*
    (2) 融資期間 ………………………………………………………………… *158*
    (3) 貸出コスト ……………………………………………………………… *158*
    (4) 取引内容 ………………………………………………………………… *159*
    (5) 取引環境 ………………………………………………………………… *159*
  3 貸出基準金利 ……………………………………………………………… *160*
    (1) 貸出基準金利の考え方 ………………………………………………… *160*
    (2) 貸出金利の構成内容 …………………………………………………… *161*

第6章　債権保全

第1節　担保・保証の必要性 ………………………………………………… *164*
  1 担保の意義 ………………………………………………………………… *164*
  2 なぜ債権の保全策が必要なのか ………………………………………… *165*
    (1) 債権保全の意義 ………………………………………………………… *165*
    (2) 信用貸しの考え方 ……………………………………………………… *166*
    (3) 担保頼りの融資の危険性 ……………………………………………… *167*
  3 保全不足への対応 ………………………………………………………… *167*
  4 担保と保証の優劣 ………………………………………………………… *169*
第2節　物的担保の取得 ……………………………………………………… *170*
  1 担保目的物の担保適格性 ………………………………………………… *170*
    (1) 価値が被担保債権を回収するのに十分なものであること ……… *170*
    (2) 価値が客観的に把握され、かつ安定していること ……………… *171*

  (3) 換価処分が容易であること ･････････････････････････････････････ *171*
  (4) 担保権の設定手続が簡便で事後の事務管理負担も軽いこと ････････ *172*
 2 物的担保取得の留意点 ･･･ *173*
  (1) 担保差入人（担保権設定者）の権原調査 ･･･････････････････････ *173*
  (2) 担保差入人の権利能力調査 ･････････････････････････････････････ *173*
  (3) 担保差入意思の確認 ･･･ *174*
  (4) 第三者対抗要件の具備 ･･･････････････････････････････････････ *175*
第3節　担保の種類と特徴 ･･･ *177*
 1 法定担保物権と約定担保物権 ･･･････････････････････････････････ *177*
 2 担保目的物と担保取得方法 ･････････････････････････････････････ *178*
  (1) 自行（庫・組）の定期預金 ･･･････････････････････････････････ *178*
  (2) 有価証券 ･･･ *178*
  (3) 商業手形・電子記録債権 ･････････････････････････････････････ *178*
  (4) 不 動 産 ･･･ *178*
  (5) 動　　産 ･･･ *179*
  (6) 債権（金銭債権） ･･･ *179*
第4節　保証の意義と留意点 ･･･････････････････････････････････････ *180*
 1 保証の必要性 ･･･ *180*
 2 保証の性質 ･･･ *180*
  (1) 付 従 性 ･･･ *180*
  (2) 随 伴 性 ･･･ *181*
  (3) 補 充 性 ･･･ *181*
 3 保証契約の種類 ･･･ *181*
  (1) 普通保証と連帯保証 ･･･ *181*
  (2) 特定保証と根保証 ･･･ *181*
  (3) 損害填補（担保）契約 ･･･････････････････････････････････････ *182*
 4 保証取得時の留意点 ･･･ *182*
  (1) 保証人の資力の調査 ･･･ *182*

(2)　保証人の権利能力、行為能力の確認 ……………………… *182*
　　(3)　保証意思の確認 ……………………………………………… *183*
　5　経営者以外の第三者個人保証 …………………………………… *183*
　6　経営者保証に関するガイドライン ……………………………… *185*
　　(1)　保証契約締結時の対応 ……………………………………… *186*
　　(2)　保証債務履行時の対応 ……………………………………… *187*
　　(3)　既存の保証契約の適切な見直し …………………………… *187*
　　(4)　事業承継時の対応 …………………………………………… *187*
　7　貸金等根保証契約 ………………………………………………… *188*
　　(1)　包括根保証制度に係る批判 ………………………………… *188*
　　(2)　貸金等根保証契約とは何か ………………………………… *189*
　　(3)　貸金等根保証契約における極度額の定め ………………… *189*
　　(4)　元本確定期日の定め ………………………………………… *190*
　　(5)　元本確定事由 ………………………………………………… *191*
第5節　与信取引に関する顧客への説明態勢 ………………………… *192*

第7章　融資稟議

第1節　融資稟議制度の役割 …………………………………………… *196*
　1　融資稟議制度とは ………………………………………………… *196*
　2　融資稟議制度の意義と目的 ……………………………………… *196*
　3　稟議書の機能 ……………………………………………………… *197*
　　(1)　意思決定機能 ………………………………………………… *197*
　　(2)　記録機能 ……………………………………………………… *197*
　　(3)　意思伝達機能 ………………………………………………… *198*
　4　よい稟議のための基本姿勢 ……………………………………… *198*
第2節　融資稟議の仕組みとプロセス ………………………………… *200*
　1　融資稟議の仕組み ………………………………………………… *200*

	(1)	融資稟議の当事者 ······················	200
	(2)	決裁権限 ····························	201
2		融資稟議のプロセス ····················	202
3		事前稟議 ······························	202
	(1)	事前稟議の意義 ·······················	202
	(2)	内容のある稟議 ·······················	205
	(3)	事前稟議の進め方 ····················	206

第3節　稟議書起案の事前準備 ···················· 207

1　資料の入手 ······································ 207
　(1)　会社案内・経歴書 ························· 208
　(2)　財務諸表 ···································· 208
　(3)　資金繰表 ···································· 208
　(4)　金融機関借入一覧表 ······················ 209
　(5)　資金の投資計画書 ························ 209
　(6)　信用調査機関の情報など外部信用情報 ···· 209
2　ヒアリングによるデータ収集 ················ 210
　(1)　ヒアリングの重要性 ······················ 210
　(2)　効果的ヒアリングのポイント ············ 210
　(3)　ヒアリングのテクニック ················· 211
3　付属書類の作成と活用 ························ 212

第4節　稟議書起案の留意点 ······················ 213

1　論旨の整理と組立て ··························· 213
2　融資稟議の3要件の記載 ····················· 213
　(1)　資金使途と金額の妥当性 ················· 214
　(2)　問題点の有無 ······························ 215
　(3)　融資取上げのねらい ······················ 215
3　記述姿勢 ··· 216
　(1)　「正確に」「具体的に」「簡潔に」 ········ 216

(2)　文章力に長けること ……………………………………………… *216*
　4　営業部店意見の記載 …………………………………………………… *217*
第5節　稟議書の電子情報化 ………………………………………………… *218*
　1　パソコンによる稟議書起案 …………………………………………… *218*
　2　稟議システムの電子メール化 ………………………………………… *219*
　3　審査担当部の場合 ……………………………………………………… *220*

第8章　融資の事後管理

第1節　融資の事後管理の意義 ……………………………………………… *222*
　1　貸出債権の保全管理 …………………………………………………… *222*
　　(1)　融資の事後管理の目的 ……………………………………………… *222*
　　(2)　融資金の資金使途および返済財源の事後トレース ……………… *222*
　2　融資先の業況等のトレース …………………………………………… *223*
　3　事情変更の管理 ………………………………………………………… *224*
第2節　事後管理の手法 ……………………………………………………… *225*
　1　管理方針の策定とフォロー …………………………………………… *225*
　　(1)　管理方針の策定 ……………………………………………………… *225*
　　(2)　管理方針策定の効果 ………………………………………………… *226*
　2　決算書によるフォロー ………………………………………………… *226*
　　(1)　事業報告を深く読むこと …………………………………………… *227*
　　(2)　貸借対照表、損益計算書による情報把握 ………………………… *227*
　3　設備投資後のフォロー ………………………………………………… *227*
　4　融資先の動向チェック ………………………………………………… *228*
　　(1)　当座勘定の動き ……………………………………………………… *228*
　　(2)　融資先の取引先の変動 ……………………………………………… *228*
　　(3)　経営者や経営スタッフの動向 ……………………………………… *229*
第3節　自己査定の活用 ……………………………………………………… *230*

1　自己査定の目的 ··· 230
　　　（1）　資産の健全性の査定と償却・引当ての準備作業 ······················ 230
　　　（2）　自己査定の基準 ··· 231
　　　（3）　自己査定と融資の事後管理 ··· 231
　　　（4）　総合的な信用リスク管理 ·· 231
　　2　債務者区分の判断 ··· 232
　　　（1）　自己査定作業の手順 ··· 232
　　　（2）　債務者区分とは ··· 232
　　　（3）　債務者区分の判断基準 ·· 234
　　3　中小企業の場合の債務者区分 ·· 235
　　　（1）　代表者等との一体性 ··· 235
　　　（2）　企業の技術力、販売力、経営者の資質やこれらを踏まえた成
　　　　　　長性 ··· 236
　　　（3）　経営改善計画等 ··· 236
　　　（4）　貸出条件およびその履行状況 ·· 236
　　4　貸出債権の分類 ··· 237
第4節　地域密着型金融と企業再生 ·· 239
　　1　地域密着型金融への対応 ··· 239
　　　（1）　企業のライフサイクルに応じたきめ細かい支援 ······················ 239
　　　（2）　中小企業に適した資金供給手法の徹底 ······························ 240
　　　（3）　地域の情報集積を活用した持続可能な地域経済への貢献 ··········· 241
　　2　企業再生の視点 ··· 241
　　　（1）　支援対象企業の選定 ··· 241
　　　（2）　再生に向かない企業 ·· 243
第5節　融資先の破綻時の対応 ··· 244
　　1　破綻発生時の対応 ·· 244
　　　（1）　代表者（経営者）との直接面談 ····································· 244
　　　（2）　事業所や工場など、相手先の営業現場の検分 ······················ 245

(3)　保全バランスの作成 ……………………………………………… 245
　2　事故発生時の金融機関の内部事務 ………………………………… 246
　　(1)　各種連絡のための作業 ……………………………………………… 246
　　(2)　各種通知書の発送 …………………………………………………… 247
　　(3)　担保の確認 …………………………………………………………… 247
　　(4)　割引中の商業手形支払人、担保手形支払人の決済見込調査 ……… 248
　3　回収計画の策定と遂行 ……………………………………………… 248
　　(1)　回収計画策定のポイント …………………………………………… 248
　　(2)　回収計画遂行上のポイント ………………………………………… 249
第6節　事故債権の最終処理 …………………………………………… 250
　1　債権の償却・引当て ………………………………………………… 250
　　(1)　償却・引当ての意義 ………………………………………………… 250
　　(2)　債権の償却・引当ての実務 ………………………………………… 251
　2　債権譲渡とサービサーの活用 ……………………………………… 251

事項索引 ………………………………………………………………… 253

第1章

融資審査の基本

　融資は依然として金融機関の業務の中核であり、収益の柱である。ただし、時代の流れによってその位置づけや考え方は変化する。その一方で変わらないものも存在する。本章では、融資の基本原則を確認するとともに、金融機関における融資業務の位置づけ、融資のスタンス、融資と信用リスク管理との関係について解説する。

第1節

融資の基本原則

1 融資判断の基本姿勢

　「融資」の項を辞書で引くと「資金を融通すること」とあり、さらに「融通」の項には「必要な向きに金銭や物資をやり繰りして貸し借りすること」とある（山田忠雄ほか編『新明解国語辞典』（三省堂））。したがって、銀行業務としての「融資」とは、資金を必要としている者にそれを貸し与える行為ということになり、通常は「貸付」として、期限を定めて返済を約し、かつ、その間の利息支払を約定して実行される。

　金融機関にとって、融資業務は依然として商売の核であり収益の柱であるが、融資した資金の返済が滞り、所期の利息収入を得られなくなると、たちまちそれは不良資産と化してしまう。それゆえ融資判断の基本は、「融資した資金が確実に返済されること」および「融資期間の利息が安定的に受け取れること」の2点を的確に見通すことにある。

　融資業務も商売である以上、相応のリスク負担は避けられないところであるが、融資した資金が返済されなくなると、その金額はそっくり金融機関の損失となる。たとえ担保や保証によって融資の全額が保全されていても、利息が入ってこない状況に陥ると、資金調達コストや管理コスト等が持出しになり、このほか逸失利益の発生や担保等の換金処分コスト等を考え合わせると、やはり損失負担が多額にのぼる。このような想定外の損失の発生は金融機関経営に確実にダメージを与え、その経営体力を弱めることになる。

　したがって、融資判断にあたっては、この基本姿勢を常に意識しなければならない。

2 融資の5原則

融資審査の基礎的判断基準として従前から掲げられているものに「融資の5原則」がある。「安全性」「収益性」「成長性」「流動性」「公共性」の各原則がそれである。

金融機関が健全な経営を維持し発展していくためには、貸出等の資産運用の安全性・流動性を守りながら、その一方で、資産運用の効率化を図り適切な収益を確保して自己資本を充実させていくことが求められる。金融機関が預金者等から預かっている資金の大部分は主として融資というかたちで運用されているので、融資先の企業内容を十分に把握し、債権保全に万全を期しながら、融資金の円滑な回収と収益の実現を図ることは、預金者等に対する金融機関に課せられた重要な責務であり、融資判断はこれら基本原則に則した適切なものでなければならない。

しかし、これらの原則をすべて完全に満たすような融資案件は、実際には存在しない。それは、この諸原則が互いに相反関係に立つ場合が多いからである。たとえば、ハイリスク・ハイリターンといわれるように、収益性と安全性はしばしば対立する要素を含んでいる。あるいは、収益性を高めるために長期性の融資を積極的に取り上げることは、流動性の原則にそぐわない面がある。このような相反関係にある原則間には、その適用の優先順位につき合理的な判断が求められ、その適切な運用に際しては厳しいバランス感覚が要求される。これ以外にも、これらの原則は互いに関連をもっており、その意味で各原則の間には調和が保たれていなければならない。

(1) 安全性の原則

金融機関の資産の健全性と預金者保護の観点から、融資は安全かつ確実に回収される必要がある。融資先の破綻による焦付債権の発生や、元本の返済および利息支払の遅延などは、運用資産の渋滞化・不良化を招き、金融機関

の収益力を確実に低下させる。このため、安全性の原則は、他のすべての原則に優先する鉄則であり、融資業務にかかわる者が安全性を軽んじて融資を取り上げることは厳に慎む必要がある。

融資が「安全に」回収されるということは、融資金が定められた返済条件に従って期限までにトラブルなく返済されることを意味する。それには、融資先の信用が十分であることが前提であり、かつ返済財源が間違いなく確保されることが必要である。後に述べるように、融資はその資金使途によって返済財源や返済方法が決定されるが、大切なのは、融資した資金が当初の目的どおり有効に活用されて返済財源を生み出し、それが約束どおり返済に充当されるということである。これらの実現可能性の判断が融資審査の第一歩といえよう。

それでは、融資が「確実に」回収されるということには、どのような意味があるのだろうか。それは、万一融資先が破綻し支払不能の状態に陥ったときに、安全装置が十分に備えられているかということである。たとえば、長期資金の融資においては、当初は信用力が十分であった融資先といえども、長い融資期間の途中で信用状態が予想外に悪化することも考えられる。そのような場合に備えて、融資金の回収を担保する手段が事前に講じられていなければならない。これがすなわち、物的担保や保証による保全が必要とされるゆえんである。

通常、安全性の原則に照らして問題がないかどうかを判断する着眼点として、次の5点があげられる。
・資金使途の妥当性
・返済能力・返済財源
・融資先の担保力
・融資先の信用力
・危険分散の状況

以下、これらの着眼点について、若干の補足説明を加える。

a　資金使途の妥当性

　後に詳しく述べるが（第4章参照）、融資申込みがあった場合には、まずその融資の資金使途を明らかに把握することが必要である。表面上の使途にとらわれずに真の資金使途（要資事情）を検証し、その計画や目論見の妥当性を判定する。資金使途の妥当性の検証は、融資の安全性の確認に直接つながる重要なステップである。

b　返済能力・返済財源

　融資した資金は、資金使途に従い投下された事業等の収益から返済されることが本来の姿である。したがって、返済財源や返済能力は資金使途と密接なつながりをもっている。それゆえ、資金使途の妥当性を検証することは、そのまま返済能力や返済財源の検証につながることになる。

c　融資先の担保力

　融資金が確実に回収できるかどうかの判断は、企業の有する資産を背景とした担保差入れ能力に左右される。中小企業の場合などは、対象である融資先企業に限らず、その代表者などの有する資産も担保力判定の要素になる。融資が確実に回収できるかどうかの重要な検証ポイントである。

　ただし、このことは担保や保証による100％保全（いわゆるフル担保）が必要であることを意味するものではない。融資先に信用力があれば、それを勘案して、担保・保証による保全がない「信用貸し」も容認されることに留意すべきである。

d　融資先の信用力

　融資先の信用力の調査は、融資の取上げ時に限らず、融資取引の継続中は常時、その推移を見守る必要がある。信用力が悪化すれば、融資条件どおりの返済は保証されないからである。「信用貸し」を容認している場合は、特に注意が必要である。

e　危険分散の状況

　融資を、特定の企業や業種、地域に極度に集中させることは、効率よく収

益を獲得できるメリットがある半面、対象企業や業種等が業績不振に陥った場合には多大な信用リスクを負うことになる。したがって危険分散のためには、融資先等がほどよく分散されていることが望ましい。銀行法が大口融資規制を行っている理由の1つはこの点にあり、「多くの卵を1個の籠に入れるな」ということわざが示すように、貸出資産のポートフォリオ管理はこのための有力な手段である。

(2) 収益性の原則

　収益性の原則は、安全性の原則と並ぶ重要な融資の基本原則である。およそ融資には、金融支援等の無利息融資でない限り「利息収入」が伴う。貸出利息収入は、金融機関の収益の中核をなすもので、その収入動向は金融機関経営の根幹部分を占める。

　金融機関に対する早期是正措置が導入されたのちは、以前にも増して、単位当りの収益、つまり収益率の高さが求められるようになっている。そのような環境のもとでは、「薄利多売」型の融資や大企業向けの付合融資などは敬遠される傾向にある。

　しかし、いかに収益性に優れた融資であっても、信用リスク負担の高すぎるものや資金使途が公共性の見地から好ましくないもの、金融機関の融資政策から外れるものなどへは融資すべきではない。そこには金融機関としての節度が求められる。

　収益性の原則に係る問題点の検証における着眼点として、貸出金利水準と個社別取引採算状況があげられる。

a　貸出金利水準

　貸出収益を極大化するには、利鞘の拡大および貸出ボリュームの増加を図る必要がある。このうち利鞘の拡大については、資金調達コスト、管理経費、信用リスクコストで構成される貸出基準金利と適用される貸出金利との差額（利鞘）がどの程度の水準にあるかを検証し、それが自行の融資政策や

他行取引との比較において劣位にある場合には、その是正策を検討する必要がある。信用リスクコストとは、信用度が同等の取引先グループ（つまり信用格付）における将来の一定期間における予想損失率に基づいて算定されるもので、信用リスク管理の要諦とされている。

　b　個社別取引採算状況

　貸出の収益性の良否は、基本的には表面金利をベースに判定するが、預金歩留りを勘案した実質金利、外為取引等から発生する手数料収入、企業の役員や従業員との取引から得られる収益、関連会社取引等からの収益を加えて、総合的取引採算を把握し、それをもって実質的な利回りとみなすことが一般的である。

(3) 成長性の原則

　融資は、融資先の成長・発展に役立つものでなければならないと同時に、金融機関自体にも業容の拡大・発展をもたらすものでなければならない。融資先と金融機関との双方が融資を仲介としてともに成長・発展することが、経済活動の活性化や地域社会の円滑な活動を可能にしていくのであり、その意味で健全な融資は、まさに経済活動の血液なのである。

　融資先の成長性を検証する際の着眼点として、次のようなものがあげられる。

・企業の属する業界の将来性
・企業の業界内部での競争力
・技術開発力や生産能力
・仕入・販売能力
・経営者の資質・能力と経営体制

　ベンチャー企業への融資など企業の成長性に重点を置いた融資判断においては、安全性に問題を有することが多い。したがって、判断のバランスに留意する必要がある。

(4) 流動性の原則

　この原則が本来意味するところは、資金の主な調達源である預金の支払との関係から、融資は長期固定化を避けて、短期間に回収可能で反復的、流動的に行われることが望ましいとするものであった。しかし現在では長期融資も広く取り上げられており、資金の調達も預金以外に拡大されているので、次のように読み替える必要があろう。

　すなわち、貸出は物やサービスに投資され、それが無事に回収されると、再び新たな投資に振り向けられる。この流れが渋滞すると、新たな投資に向けられる資金が縮小することになり、経済活動の円滑な流れに影響を及ぼす。不良債権の存在が経済の足を引っ張るという理屈は、ここから導き出されるのである。

　したがって、融資は約定された期限までに順調に返済される必要があり、ここに流動性の原則の現代的な意味があるといえる。この点で本原則は、安全性の原則と表裏一体の関係にあるといえよう。

(5) 公共性の原則

　金融機関は営利企業であるが、国民の経済活動の発展を資金面から支援し、かつ、その資金の出し手である預金者に対する運用責任を果たすことが要請されており、その観点から、公共的責任を有する存在といえる。したがって、社会的に大きな影響力をもっており、融資にあたっては、それが社会の健全な発展と安全に寄与するものかどうかに配慮することが求められる。

　融資に際して、特定の企業や個人との癒着や特別の利益供与があってはならず、多くの業種や地域、取引層にバランスよく融資を行うべきである。公序良俗に反するような使途への融資や、社会的非難を浴びるような内容の融資は取り上げるべきではない。さらに注意すべきは、反社会的とされる判断の尺度は未来永劫変わらないものではなく、時代の要請により変化していく

ことである。かつては社会に有益であるとみなされていたものが、いまや非難の矢面に立たされているケースもある。コスト削減による価額引下げをねらった大量生産方式が、一方で大量のゴミ廃棄問題を引き起こしたケース、あるいは究極の在庫管理手法として評価されたジャスト・イン・タイム方式が交通事情の悪化で見直しを迫られているケース、企業の行き過ぎた利益追求姿勢を融資面から後押しして、社会的非難にさらされるに至ったケースなどがそれである。金融機関は、社会のこのような動きに敏感に反応し、不本意な批判を受けることのないよう留意する必要がある。

　企業の社会的責任（CSR：Corporate Social Responsibility）が重要視される昨今、融資の公共性の原則は以前にも増して重要性が高まっている。

第2節 金融機関における融資業務の位置づけ

1 融資業務は基幹的業務

(1) 金融仲介機能としての融資

　金融機関業務の本質は、金銭や有価証券の流通を媒介する金融仲介機能にある。すなわち、不特定多数の人々から預金等の資金を受け入れ、または債券を発行して資金を集め、それらを自己の計算で金銭の貸付や手形割引で運用しており、信用を受ける業務（受信業務）と信用を供与する業務（与信業務）とをあわせて展開している。つまり、金融機関の信用に基づいて、資金の需要者と供給者とを相互に媒介する役割を果たしているのである。

　金融庁は、金融機関の適切な金融仲介機能の発揮が顧客の成長・発展を促し、それが結果として金融機関自身の経営基盤の安定をもたらし、さらなる金融仲介機能の発揮につながるという「好循環」の実現（図表1―1参照）を図ることを、施策として打ち出している（平成26事業年度金融モニタリング基本方針）。そのなかにあって融資業務は与信業務の中核を占める金融機関の基幹的業務である。

　近年は、企業の資金調達手段が市場からの直接金融に移りつつあり、銀行借入れなど間接金融のウェイトは減少傾向にあるが、中小企業や個人などミドルマーケットにおける借入れの割合は依然として高く、今後も主要な位置を占め続けると考えられる。したがって、金融市場の収縮により一時的に大企業の借入依存度が高まることはあっても、融資業務における主要顧客層はミドルマーケット主体になり、資金需要面においても、事業性資金と並んで個人の消費性資金のウェイトが高まっていくであろう。

【図表1—1】 新しい金融モニタリングの基本的な考え方

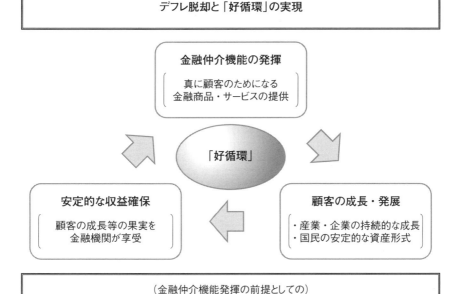

(出所) 金融庁「金融モニタリング基本方針の概要」

(2) 信用創造機能としての融資

　金融機関の融資金の大部分は、その全額が現金で払い出されることなく、当座預金やその他預金へ振り替えられ、相当期間は金融機関の内部にとどまる。あるいは、融資先が取引相手に代金を支払う場合に相手先が自行の取引先であるときは、決済が口座間の振替ですむ場合もあり、現金の受渡しは必ずしも必要ではない。これらの要求払預金は預金通貨と呼ばれ、現金通貨と同様に支払手段として機能するが、金融機関は歩留りした預金のうち、支払準備として内部に留保すべき金額を除いた残りの金額を用いて、さらに別の融資を行い、それによって生じた歩留りによって新たな融資を繰り返すこと

ができる。この機能を信用創造機能といい、金融機関の行う融資は、資金の仲介および信用創造という機能を通じて、国民経済の発展に寄与しているのである。

2 融資業務の変化

　金融機関に対する早期是正措置制度の導入後は、融資における安全性および収益性が強く意識されるようになり、信用格付制度の確立とその結果としての信用リスクを反映させた貸出基準金利の設定・適用が進んでいる。その一方で、従前の規制金利体系にとらわれない、新しいかたちの融資が工夫され次々と登場してきた。

　たとえば、市場金利をダイレクトに貸出金利に反映させるインパクトローンやスプレッド融資はすでに一般化してきているが、このほかにも、金利スワップ等のデリバティブを利用した融資、融資対象を特定のプロジェクト（事業）に絞り元利金の回収財源をそこからのキャッシュフローに限定したノンリコース型プロジェクト融資、案件ごとに協調融資団を組成して融資するシンジケートローン、顧客との間であらかじめ取り決めた一定の融資枠内で自由な借入れを認める一方で、利用状況にかかわりなく融資枠設定の対価として所定の手数料を徴収するコミットメントラインなどがある。

　従来の規制金利型の融資は、イニシャルコストさえかければ、それまで積み上げてきたストックとしての貸出資産が自動的に収益を稼ぎ出す、金融機関にとってきわめて旨味のある商品であったが、新しく登場してきた融資商品は、商品を販売しない限り収益に結びつかないフロー型の商売であり、この点で金融機関の融資業務のコンセプトを大きく変えるものといえよう。これら新形態の融資ウェートが高まると、融資業務の展開力の差が金融機関の収益力を大きく左右することになる。

3 取引先との共存手段

　金融機関には、取引先とともに成長し、地域社会の経済的発展に寄与する姿勢が求められる。すなわち、「取引先との共存」は金融機関にとって基本的な経営姿勢であり、顧客にとって取引するメリットのない金融機関は、存在する価値がないといってもよい。

　平成15年３月、金融庁が中小・地域金融機関向けに「リレーションシップバンキングの機能強化に関するアクションプログラム」を公表して以来、この要請はますます強まっている。リレーションシップバンキングとは、「顧客との間で親密な関係を長く維持することを通じて、顧客に関する情報、特に借り手企業の経営者の資質や事業の将来性など定量化されがたい情報や、地域に根ざした情報を蓄積し、それらを有効に活用して地域の中小企業に円滑で付加価値の高い金融サービスを提供すること」と定義され、中小企業に向けて、創業・新事業の支援機能の強化、経営相談・支援機能の充実、新しい中小企業金融への積極的な取組みの強化などを、金融機関が積極的に取り組むよう求めている。

　そのなかにあって、「融資」は金融機関が顧客との共存を図るうえで不可欠な業務であり、金融機関の本来的機能に立脚した基本的な業務ということができる。したがって、世間で「貸し渋り」といわれるものの多くは、そもそも融資対象として不適切な案件であろうと考えられる。融資可能なものを退けるような行為は、金融機関自らの経営基盤を放棄するに等しい自己否定につながるもので、本来ありえない行為である。

第 3 節
融資審査のスタンス

1　融資担当者に求められる資質

　銀行員に対しては、一般的に業務に関する知識のほかに多くの技能や才覚が求められ、それを通して取引先の信頼を得られることが期待されている。特に融資担当者は、業務の性質上取引先の相談が持ちかけられ、また支店長や上司のブレーンとして、融資取引に係る情報提供や意見具申をすることが求められる。

　融資取引先を満足させ、支店業務を円滑に進めるためには、融資担当者はあらゆる機会を通じて自己の技量のレベルアップを図る必要があり、不断の研鑽によって一般銀行員以上の鋭い感性および知性と豊かな知識を身につけ、それを業務に活用できるよう心がけることが求められる。

2　融資審査の基本

(1)　原則に忠実な判断

　融資判断は原則に忠実に行われる必要がある。融資の5原則や金融機関内部の融資業務規定、クレジット・ポリシー、融資業務政策等に合致していなければならない。場当たり的な判断は個人的な恣意に左右されるおそれがあり、融資の体系をゆがめることになる。特に、取引メリットに幻惑されて融資判断の本質を見誤ることのないよう、融資担当者には厳しい自己規制が求められる。

　ここでいう「融資判断の本質」とは、「融資金が安全・確実に返済される

か」という信用リスク判断と、「その融資取引は当行にどのような利益をもたらすか」というメリット判断を調和させることである。融資の5原則のうち、安全性の原則および収益性の原則は融資判断の中核を占めるものであり、しばしば相反関係に立つが、あくまでも安全性が確保されたうえでの収益性であることを肝に銘じておく必要がある。

　先行きの見通しがつけにくい時代といわれる現在、絶対に大丈夫といえるような融資案件はありえない。企業の信用力というものは時とともに変わっていく。かつての大企業、有名企業があえなく没落してしまう例は、身近に数多く起こっている。

　融資期間が長くなるほど信用リスクは増大する。したがって、融資判断にあたっては「適度の懐疑心」をもって臨むべきであろう。

(2) 実績データに基づく将来予測

　融資案件の審査においては、融資先の今後の収益力や成長性を、いかに的確に見通すかという判断能力がキーポイントになる。特に長期の設備資金等の融資案件においては、その返済能力は融資先の将来性そのものにかかわってくる。したがって融資先に対しては、今後の事業計画や経営計画、利益予測等の提出を求め、審査にあたっては、それらの内容を吟味し妥当性を判断しなければならない。

　経験の浅い融資担当者が陥りやすい罠がある。それは、事業計画や利益予測を他と切り離して検証してしまうことである。融資先が作成した計画書等は、将来の成長期待を込めたバラ色のものになりがちである。銀行から資金を引き出そうとしている以上、それは当然であり、銀行の融資担当者はプロである以上、それに対抗して鋭く実態に迫り、計画の妥当性を判定して、ときにはその見直しや中止を勧告しなければならない。ワンマン経営の多い中小企業などにとっては、銀行のこの種のチェック機能は重要なサービスの1つといってもよいのである。

まったくの新設企業でない限り、企業の今後の事業見通しや利益予測は、これまでの事業実績を踏まえて策定される。たとえ新規事業分野への展開を意図した計画であっても、これまでの経営資産の積重ねが反映されているものである。したがって、今後の事業見通しや利益予測の妥当性を判断するには、その企業の過去の事業実績データをしっかりと検証し、それに現在の収益力や経営体力についての判定を加味して、その延長上で将来性を予測することが大切である。これまで大赤字を計上してきた企業が、突如として黒字企業に転換するなどということは、特別な外部支援でもない限りありえない。

　融資判断は、原則的に過去の実績主体でなされるべきである。将来の期待可能性を買いかぶってはならない。しかしその一方、融資金の返済能力は将来の獲得利益の動向次第であるから、過去の実績の良否のみで融資判断をすることもまた間違いである。

(3) 常識を磨くこと

　融資担当者は幅広い知識や常識を身につけることが求められる。融資業務を案件の取上げ審査段階から回収までの長いスパンでとらえ、適切に対応するには、業務に関する豊富な知識と金融機関の職員としての常識が要求されるからである。

　ここで注意しなければならないことは、知識の豊富な担当者が必ずしも的確な融資判断ができるとは限らないことである。顧客の属する業界の商品知識や専門知識が豊富であっても、それに惑わされて「木をみて森をみない」結果に終わってしまうと、的確な融資判断はできない。個々の専門知識だけでは一面的な判断しかできず、それに社会や業界全体の動向等の総合的な知識・情報が加味されてはじめて常識的に妥当な結論が導き出されるのである。したがって融資判断に携わる者には、広角的なものの見方と全体との関連性のなかで物事を判断する訓練を積み、専門的な知識に常識のコーティン

グを心がける姿勢が求められる。

　「世の中にはうまい話はない」といわれるが、金融機関の職員には結構「うまい話」が持ち込まれるものである。安易にその手の話に乗って、取り返しのつかないことにならないよう注意が必要であるが、「うまい話」を見破る手段は、やはり日頃から磨いた常識の力しかないといえる。それゆえ金融機関の職員は、金融業務に携わる者としての職業的知識・常識のほかに、社会人としての幅広い見識・常識を身につける必要がある。

(4) 基本的折衝姿勢

　金融機関の役職員は、取引上知りえた取引先の秘密を守る義務を負う。特に融資業務においては、取引先の資産・負債の内容、営業取引内容、経営上の機密事項について知りうる立場にあることから、調査内容や審査内容を外部に漏らさないことはもちろん、金融機関内部においても知らせる相手は必要な関係者に限定することが必要である。

　融資申込みの際には、個人であれば融資先本人と、企業であれば経営者または借入行為の責任者と、直接面談する。折衝にあたっては、金融機関の職員としての矜持と品性をもち、言葉遣いや物腰は丁寧に、相手を威圧するような態度はとるべきではない。

　不幸にして融資申込みを断る場合には、その理由をはっきりと述べ、必要ならば助言を与えるなど、誠意をもって対応することが肝要である。

(5) 調査に際して留意すること

　融資先の調査を行うに際して留意すべき点は、以下のようなことである。
- 借入申込人の話を盲信せず、裏付をとるよう心がけること
- 決算書類や提示書類の内容の検証は納得のいくまで行うこと
- 中小企業の場合には、経営者や経営スタッフの能力・人柄のチェックを怠らないこと

・必要に応じて実地調査や訪問調査を行うこと
・訪問や見学の際には、確かめたい点などの事前準備を十分に行うこと
・融資先の育成・経営強化のために、有効かつ適切な指導・助言を与えられるよう、常に心がけること
・担保物件については自分の目で確かめ、処分の難易度・換価見込みを判断しておくこと

3　融資セールス

(1)　融資セールスとは

　融資は、金融機関にとって最も重要な運用手段であり、主要な収益源である。しかし、企業の金融機関からの借入依存度合いは減少傾向にあり、かつ、収益性および安全性をともに満たすような質のよい融資案件はそれほど多くはなく、金融機関はその獲得に競争を余儀なくされている。

　このような状況のもと、良質な融資の拡大を図るために、金融機関側からこれと目星をつけた先に対して、積極的にアプローチを行って資金ニーズを掘り起こし、新規融資に結びつけようという営業政策が、「融資セールス」といわれるものである。したがってセールスとはいっても、不特定多数の顧客に融資という商品をむやみに売り込むものではない。

　融資セールスにあたっては、対象とする優良顧客をセグメントし、セールスする融資案件の内容をあらかじめしっかりと吟味したうえで売込みを図るという基本姿勢が必要である。それゆえ融資セールスには、顧客企業の事業内容や将来性、経営者の資質等を的確に見極める能力、すなわち「目利き」能力が必要になる（第2章参照）。

　セールス対象の優良顧客には、当然、複数の金融機関からアプローチが行われる。その結果マーケットは買手市場となり、融資条件の交渉も顧客側に有利に進められる。しかし、金利ダンピングによる貸込競争を繰り広げるだ

けでは取引上のメリットは期待できず、セールスの目的を果たすことはできない。融資セールスには、不利な状況を乗り越えるための工夫と努力が必要であり、この点をよくわきまえず目先の実績獲得にこだわると、ハイリスクなだけでリターンの期待できない（つまり簡単に焦げつくだけの）融資を安易に売り込む結果に終わる。

(2) 新規取引先に対する融資判断

　融資セールスの典型は新規取引先への融資開拓である。しかし、新規先への融資判断においては、それまでの取引実績がなく取引の仕振りがわからないので、より慎重な姿勢が求められる。

　新規先への融資判断の切り口として有効なものは、相手の立場に立ってその融資取引の必要性、つまり新規取引開始の動機を考えてみることである。単純に「当方の取引勧誘姿勢を評価して」という場合もあるだろうが、通常は、他の金融機関との取引からは得られにくいメリットを新規取引の金融機関に見いだしたためということであろう。しかし、相手にとってのメリットが当方にとってはデメリットということもあり、そのあたりは冷静に検討する必要がある。新規の融資取引というものは、相手先と金融機関との双方の将来の取引戦略が合致してはじめて長続きのする取引に発展するものである。

第4節

信用リスク管理のもとでの融資業務

1 信用リスク管理の重要性

　平成10年4月、金融機関に対する早期是正措置制度が導入され、金融行政の基本的姿勢は、それまでの護送船団方式といわれた行政当局による指導監督のもとでの金融機関保護を重視したものから、各金融機関の自己責任原則に基づく経営の自主性を重んじつつ内部管理体制の整備を促し金融当局はそれを事後チェックするという形式に、抜本的に改められた。それに伴って平成11年4月に公表された金融庁の「金融検査マニュアル」では、金融検査は、自己責任原則に基づく金融機関の内部管理を補強することを基本に、従来の当局指導型から自己管理型への転換を進め、かつ、従来の資産査定中心の検査からリスク管理重視の検査へと転換を図ることが明確にされた。

　金融検査マニュアルは、あくまでも金融検査官が金融検査をする際に用いられる金融庁内部の手引書であるが、各金融機関が自主的に作成する自己査定や内部管理に関するマニュアル等の参考になるよう公表されたものであり、その後平成19年2月に大幅な改訂が行われているほか、適宜、部分的な改訂が行われている。

　金融検査マニュアルが金融機関に求めるリスク管理態勢の整備の対象として掲げているリスクは、金融機関の経営全般に係る総合的リスクのほか、次のようなものである。

(1) 信用リスク

　信用リスクとは、信用供与先の財務状況の悪化等により、資産の価値が減

少ないし消失し、金融機関が損失を被るリスクである。管理すべきリスクのなかでそのウェートが大きいので、金融検査マニュアルでは、「信用リスク管理態勢の確認検査用チェックリスト」および「資産査定管理態勢の確認検査用チェックリスト」に加えて、「金融検査マニュアル別冊〔中小企業融資編〕」が設けられている。

信用リスクは、与信先の財務状況悪化によって金融機関が被るであろう貸倒損失発生の可能性を意味し、金融機関が負うリスクのうちで最も重視されており、資産の自己査定はその根幹をなす手続であって、与信先の信用状態の動態的検証に不可欠なものとして位置づけられている（自己査定については第8章を参照）。

(2) 市場リスク

市場リスクとは、金融、有価証券等の価格、為替などのさまざまな市場のリスク・ファクターの変動により、保有する資産の価値が変動することにより金融機関が損失を被るリスクで、金利リスク、価格変動リスク、為替リスクなども含まれる。

(3) 流動性リスク

流動性リスクとは、予期せぬ資金の流出等により、通常よりも著しく高い金利での資金調達を余儀なくされたり、市場の厚みが不十分なこと等により通常よりも著しく不利な価格での取引を余儀なくされたりすることなどから金融機関が損失を被るリスクで、大きく、市場流動性リスクと資金繰りリスクとに分けられる。

(4) オペレーショナル・リスク

オペレーショナル・リスクとは、金融機関の業務の過程、役職員の活動もしくはシステムが不適切な場合や外生的事象により被るリスクのことであ

る。主なものに、役職員が正確な事務を怠ったり事故や不正等を起こしたりすることにより被る事務リスクや、コンピュータ・システムのダウンまたは誤作動等あるいは同システムの不正使用により被るシステムリスクがある。

2 信用リスク管理の実際

(1) 信用リスク管理の手法

　信用リスク管理には通常、ポートフォリオ管理の手法が活用される。ポートフォリオ（portfolio）とは、個々の経済主体（金融機関など）によって保有される各種の金融資産の集合ないしはその組合せのことであるが、貸出資産のポートフォリオ管理という場合は、安全性に重点を置いたローリターン型の与信の量と、収益性を重視したハイリターン型の与信の量との最適な組合せを算出し、リスクとリターンとのバランスをとりつつ収益の極大化を実現する資産管理手法を意味する。

　信用リスク管理とは、貸出資産のポートフォリオ等におけるリスク負担の妥当性を検証するプロセスである。すなわち、実際の貸出資産の推移状況がポートフォリオ計画に合致しているか、現に負担している信用リスクの額は計画の想定内に収まっているか、計画との乖離が発生している場合にそれをどのように評価または修正するか等の点を、動態的に管理するものである。

　信用リスクのボリュームを統計的分析手法によって融資先（与信先）の一定区分（たとえば信用格付）ごとに定量的に計測し把握することを「信用リスクの計量化」といい、個別融資先の信用リスク量を具体的に把握する基本的手法となっている。そのためには、融資先の経営実態、財務状況等を把握し、その返済能力を的確に評価して、適正な信用格付等の区分を行うとともに、各区分に属する過去の貸倒実績率や倒産確率をベースに、区分ごとの信用リスクの量（信用リスクコスト）を把握することが必要である。通常の個々の融資案件の審査や自己査定における債務者区分の決定は、信用リスクの計

量化を具現化するためのベース作業と考えられる。

(2) 信用リスクの把握

　リスク管理の基本コンセプトは、リスク発生による損失を最小の費用で最小限に抑えることにあり、その一般的手法は、まず各種のリスクを正確に認識し、次にリスク発生の確率や発生したときの損失内容の分析評価を行い、それを踏まえて有効なリスク対応方法を検討し採択するというプロセスを経ることになる。

　信用リスクを具体的に把握するための計量化手法として、通常は、将来的な貸倒損失額を統計的手法で推計する。そのためには融資先（与信先）を一定の基準によって区分し（信用格付や債務者区分等）、区分ごとに次のような算式で損失額を予測する。

　　統計的貸倒損失額
　　＝当該区分の与信先のエクスポージャー×デフォルト確率

　ここで「エクスポージャー（exposure）」とは、与信先に支払能力がなくなったと仮定した場合の金融機関が被る予測損失額をいい、通常は「信用供与額－回収可能額」を意味する。また、「デフォルト確率」とは、当該区分に属する与信先が一定期間内に債務不履行（デフォルト：default）を起こす確率のことで、過去の倒産データから推計する。

　実際の計量化作業においては、個別のエクスポージャーを算定することは煩雑なため、回収可能額を過去のデータから推計して、前記の算式を次のように変形して用いる。

　　統計的貸倒損失額
　　＝当該区分の与信総額×（1－回収率）×デフォルト確率

(3) 信用リスク管理態勢の確立

　適切な信用リスク管理のために、金融機関は信用リスクの管理ルールを策

定し、それを遵守する態勢を確立することが求められる。前記のようなリスク計量化のツールを整備することのほかに、金融機関の信用リスクを直接かつ具体的に管理する仕組みとしての「自己査定基準書」「自己査定作業マニュアル」「償却・引当基準書」「償却・引当作業マニュアル」等を規定し、厳正・適切に適用する態勢を整える。また、金融機関の融資業務基本法ともいうべき「クレジット・ポリシー」を制定し、それに反する行為をコンプライアンス違反として厳しく罰するルールや仕組みを構築すべきである。

金融機関は早急に信用リスク管理態勢を確立し、融資業務に携わる者のリスク管理マインドと資質を高め、不良貸出資産の発生を極力抑制する努力が必要である。

3 信用リスク管理下の融資判断

(1) 信用リスク管理を意識した融資判断

これからの金融機関経営は、適正なリスク・コントロールのもとでいかにして収益機会を獲得していくかにかかっている。与信取引においては、貸出金利に貸倒コスト（信用リスクコスト）を反映させ、融資先の適度の分散により信用リスクの過度の集中を抑制するとともに、貸出資産のポートフォリオ管理の徹底によって収益性に優れた資産と安全性の高い資産との最適な組合せを構築し、望ましい収益獲得態勢をつくりあげることが必要である。

したがって、融資判断にもそれに即応できることが求められ、融資先の信用状況には常に注意を払いつつ、信用度が悪化した場合あるいは悪化の兆しがみえた場合には直ちに必要な保全措置を講ずるとともに、信用格付区分にそれを反映させて適切な信用リスクコストを確保する姿勢が必要になる。ただし、信用度の悪化が比較的軽微であり、十分その回復見込みがあるとみられるときは、金融機関として必要な支援策を講じ、融資先の早期の信用回復を実現して良質な貸出資産の維持を図ることも大切である。

(2) 日本銀行の「リスク管理チェックリスト」

日本銀行は、その「リスク管理チェックリスト（Ⅱ、融資部門）」において、自己査定制度を根幹とした与信先に対する客観的な信用格付とその定期的な見直しが信用リスク管理手法の基本であるとして、大略次のようなチェックポイントを指摘している（ここでは、国内審査管理面をピックアップ）。

a 事前審査段階

① 企業・個人事業主の信用調査～経営実態の良否の把握
   ・与信先の会計方針の健全性および財務諸表の信頼性のチェック
   ・財務諸表による財務内容分析、資金繰表等によるキャッシュフロー分析の実施
   ・経営者の経営資質や健康状態等の調査・把握
   ・各種の信用情報、業界等による経営データの利用と比較分析

② 融資案件の資金使途や事業計画の検証と返済能力の確認
   ・資金使途や事業計画の妥当性の検証
   ・業績見通しや収益力による返済能力の検証
   ・資金運用表、資金移動表、キャッシュフロー計算書等による返済財源の確認

b 中間管理段階

① 業況のトレース
   ・決算期ごとに財務分析等を実施
   ・試算表の作成・入手等による財務内容の変化のフォロー
   ・融資金の資金使途の事後トレース

② 大口与信先の重点管理
   ・大口与信先との取引方針の明確化
   ・オフバランス等を含めた信用リスクの随時把握態勢

③ 企業グループとしての管理
   ・関係企業の名寄せの実施

- 企業グループ全体の業況や資金移動状況の把握
- 連結財務諸表の作成

④ 個人ローン管理のための信用情報収集
- 保証会社からの情報入手
- 個人情報センター等への登録照会
- オートコール・システムの導入・活用
- 独自の個人情報システム構築

　　（筆者注）　個人情報の取扱いについては、個人情報保護法に抵触しないよう注意することが必要である。

⑤ 問題先管理
- 問題債権を区分けして別途管理
- 問題債権の管理・回収方針の明確化と推進体制
- 延滞リスト、問題先トレース表等の作成・管理
- 問題先への再建指導、助言・支援
- 問題先の経営再建計画フォローの実施

c　債権保全面
- 担保管理基準（時価評価基準等）の妥当性
- システム・サポート体制の拡充強化状況
- 担保余力の常時把握体制と、顧客の業況変化に応じた機動的な保全強化の実施
- 実地調査や定期的評価替えの励行と、状況に応じたフレキシブルな評価替えの実施
- 保証意思や第三者担保提供意思の確認方法
- 保証人の資産、年収、健康状況等の把握、見直し状況
- 火災保険付保の状況の適切な管理

第 2 章

融資先の実態把握

　融資先の実態を把握することは、融資、審査にあたって最も重要なポイントである。実態把握ができていることが融資の大前提だからである。いわゆる「目利き」はそのための有効な手段であるが、その意味するところは、融資先、融資先の事業等をいかに「診る」かということである。
　本章では、融資先の実態を把握することの本質ならびにその手法について解説する。

第 1 節

「目利き」ということ

1 「目利き」の必要性

(1) 「目利き」の意味するもの

　前世紀末のバブル経済破綻以後の膨大な不良債権の後始末に、それまで蓄積してきた資産や内部留保の多くを吐き出し、かつ多大な労力を費消させられた金融機関は、それまでのようにむやみに融資ボリュームをかさ上げすることを避け、資産の良化につながるような優良融資の獲得にねらいを絞っている。

　そこで強調されるのが「目利き」という言葉である。「目利き審査の充実」「目利きのできる人材の育成」「企業に対する目利きにより担保に頼らない融資の取上げを図る」などの用語や文脈で、盛んに使われたところである。

　「目利き」を辞書で引くと、「(書画・骨董、刀剣等の) 真贋や良し悪しを見分けること、またはそれができる人」と説明されている (前掲『新明解国語辞典』)。元来が骨董等の鑑定に用いられる用語であるが、金融機関の融資に係る意味合いでは、「融資先企業の経営実態や成長性、将来性を的確に見極めること」を指すものと考えられる。もう少し具体的にいえば、企業の事業内容を検証して今後の収益力や成長性を診る (動態分析) と同時に、それを支えるインフラとしての企業の経営体力の実態分析を行う (静態分析) ことである。

　金融庁が企業の事業性評価に基づく融資審査の重要性を打ち出したことに伴い (平成26事務年度金融モニタリング基本方針)、「目利き」はいっそう重視

されるに至っている。

(2) 「目利き」のための態勢

しかし、「目利き」は誰にでも簡単にできるというものではない。鑑定家としての「目利き」には「名人」「達人」といった意味合いもあるほどで、相当の修練が必要とされるものである。したがって、金融機関の審査担当者や決裁者といえども、誰もが「目利き」になれるわけではない。1人の融資担当者が、多くの担当先企業の事業内容を完全に理解し、業界動向にも通暁して、企業（事業）の先行きを的確に見通すことなどは、神業に近いというべきであろう。そのような人材を育成することも不可能ではないが、金融機関の経営効率からすれば得策とはいえない。

そこで求められるのは、金融機関が組織全体として「目利き」になることであろう。営業店の担当者は、日々第一線で顧客と接触しているのであるから、生きた顧客情報を的確に把握し適切に加工して報告する。担当者以外の関係者も、その顧客に係る情報を逐一報告する。本部の業界調査部門は専門的な立場から業界や社会経済の動向、法的規制等のマクロ情報を適宜入手しサポートする。この結果、金融機関全体として対象企業に対する「目利き」が可能になるのである。

これは、いうなれば「目利き」の分担作業であるが、各セクションの当事者が通り一遍の情報収集をするだけでは効果は薄い。「目利き」のためには、各当事者が対象情報の外面（そとづら）を観察するだけでは不十分で、その情報やデータ等の裏側に潜んでいる事象を探り出し、それらの実態を「診る」こと、すなわち、企業や業界等の情報やデータ等の実態を適切に「把握」し「判断」して「評価」するという積極的姿勢が求められる。つまり、プロの銀行マンとしての眼力が問われるといえよう。

(3) 「目利き」が重視される理由

このように企業に対する「目利き」が重視されるようになった理由としては、まず、各金融機関が優良融資先の獲得に走ることにより、融資条件に係る交渉の主導権が顧客側に握られる事態になり、以前のような担保主義でのアプローチがむずかしくなって、結果的に無担保の信用貸しをどの程度認めるかという点が融資交渉のカギとなってきたことにある。つまり信用貸しを許容する尺度として、事業の収益性や成長力、実態的経営体力の的確な掌握が必要になってきたのである。

また、金融庁が特に中小企業金融のあり方について、担保や保証に過度に依存することなく、借り手の経営状況、資金使途、回収可能性等を総合的に判断し、事業からのキャッシュフローを重視するよう強調していることも大きく影響している（金融庁による前掲の「金融モニタリング基本方針」のほか、「中小・地域金融機関向けの総合的な監督指針」「金融検査マニュアル別冊〔中小企業融資編〕」を参照）。

無担保の信用貸しを積極的に拡大できる金融機関は、それだけ貸出資産の拡大競争で優位に立てるが、信用リスクを考えると対象企業は限定的に考えざるをえず、そうかといって保守的姿勢に立てこもるだけでは競争に勝てない。この二律背反性を克服する手段が、「目利き」能力の向上というわけである。

2 「目利き」のポイント

取引先、なかでも中小企業の事業の先行きや経営体力を「目利き」するには、どのような切り口から行うとよいのだろうか。

金融庁「金融モニタリング基本方針」は、事業性を評価する際のアプローチ方法として、企業の成長可能性と持続可能性に着目することを掲げているが、それはそのまま「目利き」のポイントでもあり、基本的には以下のよう

な点があげられる。

(1) 経営者の評価

　企業の命運は、経営者の「出来」や「器量」にかかっているといってもよい。特に中小企業はワンマン経営が大部分であり、企業と経営者は一身同体といえるので、経営者およびそれを支える経営スタッフの評価が、「目利き」のうえでは何よりも重要である。

　経営者に求められる資質として企画力、創造力、行動力、統率力、判断力、知見、誠実さ、人間味、心身の健康等があげられるが、一般的にこれらのすべてを十分に備えた経営者には、あまりお目にかかれない。通常はこのうちのいくつかが欠けている人物が多いのであって、それゆえ大切なことは、経営者自身が自分の欠点（欠けている資質）を自覚し、それを補佐する人材や組織を確保して活用しているか否かを「診る」ことである。

　経営者評価の留意点として、次のようなものがある。

a　客観的な評価に努めること

　評価者1人の主観でゆがめられることがないよう、複数の人間による複眼的観察を行い、客観的な経営者像の把握に努める。

b　トップとしてふさわしい人柄、資質の持主であることの確認

　前述の資質のなかで、企画力、行動力、統率力、他者から信頼を得られるような知識・見識および誠実さは、経営者として不可欠なものである。これが備わっていない者は人を動かす器量に欠け、経営者としての器ではないといえよう。

c　経営理念・経営戦略の確認

　経営者との面談においては、「どのような経営理念のもとで企業をどの方向に導いていくのか」という質問を必ず行う。優れた経営者は、確固たる経営理念をもち、それを全社員に浸透させて、理念の実現に向けた経営戦略の策定・実行に余念がないものである。

d　創業者、二世経営者など経営者の置かれた立場の考察

　経営者が企業の創業者である場合は、度の過ぎたワンマン経営になっていないかや後継者が育成できているかさえチェックできればあまり問題はないが、二世経営者や後継者の場合は、その資質や経営についての考え方に注意を払う必要がある。先代経営者の遺産を守ろうとして消極経営に陥るか、逆に先代を超えようとして無理な経営に走るケースも多いからである。

(2)　事業素質の評価

　「目利き」の第1歩は、相手先の事業内容を熟知することにある。それによって、事業の基盤となる事業素質の良否と企業の成長可能性を検証するのである。その検証の切り口としては、「事業領域」「中核である製商品あるいはサービスの内容、特質」「業界の動向」があげられる。これらの点の認識が不十分なままでは、事業素質を適切に評価することはむずかしい。

a　事業領域

　事業領域とは、経営理念に基づき、どのような事業で成長・発展していくかを示す「企業の拠って立つ基盤」のことで、簡単にいえば「企業の生業（なりわい）」である。そこでは事業領域と経営理念の整合性をチェックし、さらに事業領域の設定が「顧客志向」となっているか否かを検証する。顧客のニーズを無視した自分本位の経営では、事業の発展性は望めないからである。

b　中核の製商品やサービスの内容、特質

　事業の中核である製商品やサービスの内容や特質、市場シェア等を診る。一般的に、独自性の強い技術に裏付けられた高品質と市場性の高い製品や商品あるいはサービスを有する企業の競争力は強く、特色のない商売に依存する企業の将来性は暗い。また、1つの大当り商品に頼った商売（単品商売）は、それが市場性を失ったとき急速に失速する危険性が大きい。したがって、この点のチェックは事業の将来性を診るうえで欠かせないものである。

c　業界の動向

　業界全体の成長性と特徴を調査し、対象企業がそのなかで生き残っていけるかどうかを見極める。業界の成長性と特徴については、技術革新、代替製品の出現、業界を構成する企業数や競争の状況、他の業界や行政との交渉力等をチェックし、企業の生き残りの見通しについては、そのための具体的な戦略が描けるか否かの観点から検証する。

(3) 債務の償還能力とキャッシュフローの検証

　長期資金を融資する場合には、融資先企業の償還能力を判定しなければならない。

　すなわち、企業が将来獲得できる償還財源（税引後利益＋減価償却費－社外流出）によって要償還債務を完済するにはどの程度の年数を要するか、償還財源であるキャッシュフロー造出の確実性はどの程度のものか、当該キャッシュフロー造出見込みに狂いが発生した場合に別途の償還財源造出策（遊休資産の売却、増資、借換え等）を検討できる余地があるかなどの点について検証する。

　キャッシュフロー分析についてはこの章で後に詳述するが（第4節5参照）、「企業をキャッシュフロー中心に診る」ことは、担保に頼らない融資の取上げ可否判断の有力なツールである。キャッシュフロー分析により企業のキャッシュフロー獲得の見通しを的確に予測できれば、融資の安全性はそれだけ確保できるからである。事業性評価における企業の持続可能性の検証とは、キャッシュフローの安定的獲得見通しの検証にほかならない。

　債務の償還に要する年数が長ければ、長期資金融資の信用リスクはそれだけ増大する。一般的には、事業性長期資金の適正な償還年数は10年以内とされている。プロジェクト融資の場合のような対象事業の的確なキャッシュフローが合理的に予測できるものは別にして、企業の先行きを見通すことができる妥当な期間はせいぜい10年間ということであろう。したがって、償還年

数が10年を超えるような長期融資案件は、償還能力が不十分のものということになる。

(4) ROAの評価

企業の目利き審査を進めるうえで損益状態の調査は欠かせないが、その目的は、収益力の水準、安定性、基本構造等を判定し、収益の将来予測のための因子や法則性を探ることにあり、そのための中心的手法が財務分析である。

そのうち、収益力の水準を診るツールとしてはROA（使用総資本利益率：Return on Asset）を用いる方法が有効である。ROAにはいくつかの種別があるが、金融機関の融資先判定においては「使用総資本事業利益率」が最適であろう。すなわち、以下の算式である。

　　使用総資本事業利益率＝事業利益÷使用総資本

上記算式の「事業利益」とは、本業の生み出す営業利益に金融資産から生ずる受取利息・配当金を加えたもので、事業が生み出すキャッシュフローの総量であるEBITDA（利息支払・税支出・減価償却費控除前利益：第4節5参照）におおむね等しい。

ROAを業界平均値や全産業平均値と比較することにより、当該企業の絶対的収益力水準を判定できる。また、企業の過去数期間の数値と比較することでその変化傾向を診ることができる。あるいは負債利子率との比較で、ROAがそれより高ければ借入れが事業に活用されていると判断できるが、逆であれば事業がジリ貧となっている懸念がある。

このROAは、使用総資本回転率（売上高÷使用総資本）と売上高事業利益率（事業利益÷売上高）とに分解できるので、資金効率と利幅との両面から収益性を形成している要素を明らかにすることもできる。

以上をまとめると、次のような算式となる。

$$使用総資本事業利益率 = \frac{事業利益}{使用総資本}$$

$$= \underset{(使用総資本回転率)}{\frac{売上高}{使用総資本}} \times \underset{(売上高事業利益率)}{\frac{事業利益}{売上高}}$$

第2節 信用調査

1 信用調査の意義と目的

　信用調査とは、融資先についてのデータや情報を集めたうえで、それらを総合的に分析し、経営成績や財務内容を掌握するとともに、融資先の将来性・成長性を判定し、融資案件の採否の判断に役立つ資料とするものである。

　金融機関は、預金取引や融資取引を通じて、取引先との間で幅広い取引関係の維持を図ろうとし、優良先についてはいっそうの取引拡大を志向する。取引先の成長・発展は、そのまま金融機関の成長につながるものであるが、その半面、万一取引先が業績不振や破綻に陥ると、金融機関側に損害が生ずるおそれがある。したがって、取引先、特に融資先の信用状態推移の把握は、融資判断に不可欠のものといえる。

　融資先企業は生き物であり、人間の体と同様に多面的にとらえて分析しなければ、その内容の正確な把握はできない。企業は国内の政治・経済の影響を受けることはもちろん、国際化の時代においては、地方企業といえどもグローバルな政治・経済の流れと無縁ではいられない。

　また、企業には経営者や従業員がいて、経営方針・戦略があり、それに連なる営業活動、財務管理、労務管理、仕入れ・商品政策、情報管理、物流管理などがあり、営業や生産活動のための施設・設備がある。それゆえ信用調査においては、企業の実態をなすこれらの要素について、それぞれ的確に調査する必要がある。

　したがって、新規取引開始時はもちろん、既存の取引を維持継続し、ある

いは深耕するにあたっても、取引先の信用状態や将来性を、常時、正確かつ客観的に把握することが必要であり、主観や感情の入らない科学的な信用調査を行うことは、金融機関経営の中核を担う重要な業務といえよう。

なお、以上に掲げた信用調査に加えて、企業の経営に重大な影響を及ぼすものとして、内部統制態勢の整備運営状況がある。詳しくは本章第5節で述べるが、企業に不祥事が起こるとたちまちに経営破綻に追い込まれる事態も予測され、信用実態の把握時にはこの点にも十分な注意を払う必要がある。

2 信用調査のポイント

　企業の信用状態、すなわち経営成績は、通常その企業の経営資源（ヒト、モノ、カネ等）の機能が合成された結果と考えられる。したがって信用調査においても、その企業を人的側面、物的側面、財務的側面の3面から分析することが定石であり、さらに関連情報の活用状況を加えて総合的に判断することになるが、具体的には以下のとおりである。

① ヒト……経営者、後継者、経営スタッフ、管理者、従業員、業務・人事・労務管理の状況など
② モノ……業界動向、事業素質、仕入・販売体制、生産体制、在庫管理状況など
③ カネ……財務上の収益性・安全性・生産性、金融機関取引状況など
④ 情報……企業活動に関する知識や内外データ、情報機器の活用状況など

3 信用調査の進め方

　信用調査の進め方の一般的な手順は、以下のようなものである。

資料の収集と分析（調査の事前準備）
↓
関係者の面接
↓
実地調査
↓
側面調査
↓
信用調書の作成

(1) 資料の収集と分析

　信用調査を意味あるものとするには、調査の事前準備として、対象企業に関する資料の収集および分析を行う必要がある。極力広範な資料や情報を計画的、継続的、効率的に収集することを心がける。
　これらの資料や情報には、外部から得られるものと企業に直接依頼して提出を受けるものとがある。

a　外部資料

(イ)　新聞・雑誌

　新聞（一般紙や業界紙）、雑誌には、ホットな情報が多数含まれているので、日頃から担当企業・業種に関する情報には注意して目を通し、必要に応じ切抜きをして保管する。

(ロ)　一般参考図書

　定期的に刊行される一般社団法人金融財政事情研究会編『業種別審査事典』や中小企業庁公表の『中小企業実態基本調査』等を手元に備えて活用する。

(ハ)　官公庁発行資料

　官公庁が所管業種に関して発行する調査レポートや業界への行政指導事項等は、対象企業の営業活動に大きな影響を与えるので、信用調査に際して見過ごすことはできない。

(ニ)　金融機関の本部資料

金融機関の本部（調査部、審査部等）には、業界情報を調査、収集、分析した資料が蓄積されている。マクロ的なデータが主であるが、業界の動きや流れ等を知るうえでは参考になる。

(ホ)　企業外部からのヒアリング

同業者、業界団体あるいは仕入先、販売先からのヒアリングも、生きた情報として役に立つ。ただし、対象企業との利害関係者からの提供情報はバイアスがかかっていることも多いので、その分を修正して判断する必要がある。

(ヘ)　ニューメディアの利用

インターネットに代表されるニューメディアは、簡単に有用な情報が得られるので、積極的に活用する。

b　対象企業から得られる資料

以下のような、対象企業から提供を受ける資料や情報は、外部資料とともに、信用調査を行う際の中心的資料となる。

- 会社概況（所在地、営業拠点、設立年月日、主要取扱製商品・サービス、資本金、株主構成など）
- 役員名簿（役職、氏名、年齢、職歴、担当業務）
- 従業員の現況（人数、平均年齢、平均勤続年数、平均賃金、パートの状況など）
- 設備状況（工場所在地、生産能力、稼働率、生産方式、設備計画など）
- 仕入・販売状況（仕入先、販売先、取扱製商品、シェア、仕入条件、販売条件、販売ルートなど）
- 財務諸表（貸借対照表、損益計算書、営業報告書、利益処分状況、資産明細など）
- 資金繰実績・予定表
- 関係会社（子会社、系列会社、出資比率、下請会社など）

・会社案内、製品カタログ

　企業の内部資料等は、企業にとって不利になる事項は除外されたり修飾を施されたりしていることがあるので、内容を鵜呑みにすることは危険であるが、企業のアウトラインを理解するには有用なものである。

(2)　関係者との面接

　面接の相手方は、主として経営者や経営首脳、担当部門責任者であるが、面接前に事前に収集した資料等に十分目を通し、対象企業の特徴、問題点あるいは業界全体の課題などを把握しておき、短時間に効率よく必要事項を聞き出すことを心がける。

　相手の話を聞くだけでなく、こちらからも相手に役立ちそうな情報を提供できるよう努力することも重要である。

a　経営者、経営首脳との面接

　経営者等との面接では、企業経営のビジョン、重点施策・方針、経営目標などを確認し、相手の人物像、見識、経営姿勢などを把握する。また、経営の実権を握っている人物を確かめることも大切である。

b　担当部門責任者との面接

　調査項目に応じて、生産、販売、購買、経理、労務等の部門責任者から担当業務の概要、事前に用意した質問事項に対する説明を受ける。金融機関の調査は往々にして財務部門中心になる傾向があるが、財務諸表等に現れた計数の裏付をとるためには、担当部門のヒアリングが欠かせないものである。

(3)　実地調査

　実地調査をする目的は、企業の実情を生の状態でみるということにある。事前に入手しておいた資料等を十分検討し、問題点や疑問点を整理しておくことが必要である。

(4) 側面調査

企業に対する直接調査を客観的に裏付けるため、必要に応じて側面調査を実施する。対象企業の関係先への問合せが主体となるが、大多数は対象企業の利害関係者であるから、企業秘密を漏らして対象企業に不測の損害を与えることのないよう、慎重に進めることが大切である。

4 信用調書の作成

信用調査の結果をまとめたものが「信用調書」である。信用調書の作成にあたっては、各種の資料、面接や調査で得られた情報などを多面的に検討・整理し、それらを総合的に判断して結論をまとめ、「所見」として記載する。

信用調査の対象は、経営規模の大小、業種、経営形態（会社、組合、特殊法人等）など多様であって、対象先の内容により調査の力点が変わることもあるが、信用調書に盛り込むべき基本的な項目の内容は、大略次のとおりである。

(1) 企業概要

a　正式名称、業種、資本金

企業の顔としての部分である。業種は極力具体的に記載する。複合業態の場合は、それぞれの事業内容を別紙に詳しく記載する。

b　本社所在地、支店・営業所・工場等事業拠点の所在地

登記上の本社が別である場合は、それも記載する。

c　代表者・役員の氏名・年齢・経歴（出身）・担当部門、経営組織

経営組織については、極力具体的に記載する。代表者の資質、人柄などは必ず記載し、補佐役（番頭）や後継者の有無にも言及する。

d　大株主、持株比率

親会社がある場合や別企業の系列関係にある場合は、その内容を具体的に

記載する。

e　従業員数、労働組合の有無、社内運営組織

　男女別構成、職種別構成、平均年齢、平均勤続年数、平均賃金、パート等非正規雇用者の雇用状況など、極力詳細に記載する。

f　沿　　革

　業歴、同業他社との比較、資本金の推移、事業内容の変遷、経営者の交替など、企業のこれまでの営業履歴が俯瞰できるようにまとめる。

g　主要仕入先・販売先、販売先別売上高、販売ルート（代理店方式、直販方式等）

　仕入れや販売面で特殊な取引形態がとられている場合は、その旨も記載する。主要仕入先・販売先の変遷は企業の信用判定に重要なものであり、特に留意する。

h　金融機関取引状況、借入状況

　資金調達態度、調達余力、主力金融機関の有無や動向に留意する。

i　最近数期間の貸借対照表、損益計算書、利益処分状況、直近の資産明細

　この部分は、財務状況調書として別葉に記載されることも多い。

j　子会社、関連会社の概要

　出資状況、取引の関連度合い、連結決算対象か否か等を記載する。

(2)　業界動向および対象企業の地位

　主要取扱品目ごとに、業界全体の生産・販売、市況、採算の動向、問題点などを要約し、その将来見通しを記載する。そのうえで、対象企業が業界内に占めるシェア・地位を示し、他社比較での優位性、特色、生き残りの可能性（成長性の著しい業種においては新規参入企業が多く、現状シェアの維持も容易ではない）などを考察する。

(3) 事業内容

　事業の内容は、企業の将来性、成長性を判断するうえで重要なファクターであり、事業性を評価する際の核となる部分であって、信用調書の中心テーマといってもよい。主として、商品の優位性と生産・仕入・販売状況との2面から検討する。

　a　商品の優位性

　企業の取扱製商品あるいはサービスの市場における優位性を判定する。専門家でない金融機関職員にとっては的確な評価がむずかしい場合も多いが、必要に応じて専門家の助力を受けながら、品質の高度性よりも売上げ・利益への貢献度という観点から評価する。

　具体的な評価ポイントは、次のようなものである。

① 売上・利益実績
　・直近数期間の製商品別売上実績の増減動向はどうか。
　・直近数期間の製商品別粗利益率実績の動向はどうか。
　・売上げの中核（花形商品）が単一の製商品に偏りすぎていないか。次のスター候補商品の準備はできているか。

② 商品政策
　・企業の製商品コンセプトは何か。どのような顧客層をねらっているか。
　・それは顧客ニーズに対応したものとなっているか。
　・取扱製商品・サービスは、対象商圏や消費者層に適合しているか。

③ 商品構成
　・市場の需要動向と製商品構成とがマッチしているか。
　・市場調査、需要動向調査が定期的に行われているか。
　・品揃えの状況は適正か。欠品情報、苦情情報の活用は十分か。
　・製商品のライフサイクルを認識しているか。

④ 仕入・販売体制
　・仕入体制は整っているか。

・販売体制は十分か。

・広告宣伝・販売促進体制は整っているか。場当たり的ではないか。

b　生産・仕入・販売状況

　受注高、生産高、販売高、契約高等を調査することで、企業規模、商い高を知り、借入申込金額の妥当性が判断できる。生産面の動きを端的に示すものは生産数量ないし金額であるが、これらは製品別、部門別に分類し、期別・月別に配列する。

　仕入面では、商品政策にスライドした動きになっていることの確認が重要である。仕入れや生産計画の見込違いは、渋滞在庫の発生に直結するので特に注意する。

(4)　財務状況

　信用調査作業の多くは財務諸表分析に費やされる。詳しくは後述するが（本章第4節参照）、以下の点を中心に分析調査する。

・損益状況

・安全性・流動性の状況

・資金運用・調達状況および資金使途分析

・資金繰りの安定度

(5)　今後の見通し、所見

　対象企業の業界における地位、業界自体の将来性あるいは企業の財務状況等を踏まえ、企業の今後の見通しを客観的に記載し、同時に信用調査担当者を含めた支店長以下関係者の「営業店としての所見」を取りまとめて記述することで、調書の作成が終了する。

第 3 節
経営資源の調査・分析

1 「ヒト」の調査・分析

　企業の経営とは、生産・仕入れ・販売という営業活動を通じて新たな価値を創造することであり、その意味で、企業の経営力は価値の具体的形態としての「モノ」「カネ」に現れるといえる。しかし、この「モノ」「カネ」を生み出すモトは「ヒト」、すなわち人的能力であり、今後IT化等による経営システムの変化があっても、ヒトが企業経営を動かす根本であることに変わりはない。

　昔から「事業は人なり」とか「企業は経営者の器まで成長する」といわれているが、これは経営資源としての「ヒト」の重要性をよく言い表している。特に中小・零細企業においては、経営者の器量、能力が企業経営に決定的な影響を及ぼすので、この面の調査・分析はおろそかにできない。

　経営者の多くは、自らの事業に愛着をもち、その発展に意欲を燃やしている。時に経営戦略の一環として、事業を第三者に譲渡することもあるが、それはその時々の経営者としての判断に基づくものである。しかし最近は、当初から投入資本のキャピタルゲインをねらって事業の売却を目論む経営者も存在する。このような、事業継続にドライな考え方をする経営者に対しては、融資取引も割り切った対応とせざるをえないことに留意したい。

(1) 経営者（トップマネジメント）
　経営者とは企業経営に携わる最高階層グループの総称であり、「トップマネジメント」ともいわれる。したがって、「経営者＝社長（代表者）」ではな

いが、経営組織の比較的小さい中小企業においては、ワンマン社長が経営のすべてを取り仕切っていることも多い。

　経営者は、企業経営に係る最高の意思決定者であるから、その経営手腕や考え方は企業の進路や業績に決定的な影響を与える。したがって、社是や社訓に示されるような経営理念や、経営者自身の社会観、企業観を把握し、重点施策や計数目標等で具体的に表される経営方針との整合性を検証するとともに、以下に掲げる経営者としての器量や資質等について十分な調査と分析が必要である。

a　企画力、創造力

　いち早く時代の変化を読み取り、企業の進むべき方向を先見して、それに沿った経営方針等を立案することは、まさに経営者に求められる役割である。したがって、先見性とそれを経営計画に活かす企画力や創造力は、経営者として不可欠の資質といえる。

b　判断力、行動力

　経営方針など企業活動の根本施策について的確な判断を下す判断力（決断力）と、それを実行に移す行動力（実行力）も、経営者にとって必須の資質である。

c　統率力、指導力

　統率力や指導力は通常リーダーシップといわれるものである。ワンマン経営者には通常リーダーシップが十分備わっているとみられるが、リーダーシップを発揮するうえで重要なことは、経営者の考えている方針・施策等を従業員に周知させ納得させることであり、いわゆる「黙ってついてこい」式の経営ではリーダーシップを発揮するには不十分である。

d　人格、識見など

　経営者としては、他から信頼される誠実さ、人を惹きつける人間味、一目置かれる知識や見識、心身の健康なども望ましい資質である。一見常識外な行動をとる経営者も見受けられるが、その場合にも人格や識見の裏打ちが必

要であり、それがなければ単なるハッタリ屋でしかない。

(2) 経営の運営形態

　経営者個人が優れた資質を有し豊富な経験を積んでいても、全体として調和と結束のとれた運営形態がなければ総合的な経営力を発揮することはできない。

　経営の運営形態には、中小企業に多くみられるワンマン経営と、大企業的な組織型経営とがある。前者においては、迅速・果断な決断による小回りのきく効率的な経営が可能であるが、半面、独善的経営に陥るおそれがあり、それをチェックできる有能なスタッフ（番頭）がいるかどうかが重要な検証項目となる。また、経営者に事故等が発生すると急速に経営が行き詰まるリスクもあり、その場合の対応措置の有無にも留意する必要がある。

　一方、組織型経営には、経営に参画する各部門の総意による客観的合理的経営が期待できるが、最終決裁までに時間がかかり商機を逸するおそれもある。

　このように運営形態にはそれぞれ一長一短があり、実際に判断する場合には、企業の規模、業種の特徴、経営者の資質、短所をカバーする工夫の有無などを勘案して、その適否を判定する必要がある。

(3) 後 継 者

　企業が継続性を有する組織である以上、ワンマン経営の場合はもちろん、組織的経営の場合においても、優秀な経営後継者の有無はきわめて重要な問題である。

　後継者のいない場合は、経営後継に関する現経営者の考え方を聴取し、その妥当性を判断するが、後継者あるいはその候補者がいる場合には、その者の能力・資質、経験などを検討し、円滑な事業継承のための手立てが講じられているかどうかもチェックする。

2 「モノ」の調査・分析

　企業の経営資源としての「モノ」の調査・分析は、通常、対象企業が属している業界の調査と、企業自体の事業素質面の調査との2面から行われる。

(1) 業界の調査

　現時点で対象企業が業界内での優良企業であっても、業界自体が斜陽であれば、中長期的にみて当該企業の先行きは安泰とはいえない。新技術の開発、新興国の追上げによる国内製造企業の衰退、業界をまたいだ大型の企業統合等により、1つの業界全体が衰微していくことも十分考えられる。したがって、企業の将来性を検討するにあたっては、業界全体の動向を調査することが必須の要件である。

a　業界の需給状況

　業界の需給状況は、生産・販売等の統計資料の動きを、一般の景気動向と比較しながら把握する。ただし、景気動向に対する感応度は業界によって違いがあり、統計資料を読む際には業界自体の景気動向が目下どのような段階にあるかを念頭に置く必要がある。それによって対象企業の業績が、業界の景気要因からどの程度の影響を受けているかを判断することができる。

b　業界内の競合状況

　業界内部の競合状況を調査することは、対象企業の競争力を判定するうえで参考になる。

　たとえば、少数の大企業に独占あるいは寡占されている業界においては、業界全体の急激な成長は望みがたいことが多く、シェアの小さい小企業は苦しい立場に置かれる。その半面、同規模の競合企業が多ければ競争が激しくなり、販売力や技術力の差がものをいうことになる。また、成長性の著しい業界においては、他業種からの新規参入が相次ぐことも考えておかなければならない。このなかで、対象企業が生き残っていくための戦略が描けるか否

かが検証のポイントである。

c 業界における設備動向

業界として現在どのような技術が注目されているか、今後の製商品の売れ筋見通しはどのようなものか、代替商品の出現見通しとその影響、業界全体の設備の更新度合いや稼動率、省力化・合理化投資の動向などは対象企業の将来性の判断に大きく影響するので、十分な調査・分析を行う。

d 販売体制・販売条件

販売・流通面における業界の特徴にも注意する。業界の主流は、直接販売方式か、代理店等を経由する間接販売方式か、対象企業はいずれの方式を採用しているか、その理由は何か、業界内の一般的な販売条件はどのようになっているか、対象企業の販売条件との優劣比較、その結果判明した対象企業の強みと弱点等を検証することにより、企業の競争力が判定できる。

(2) 事業素質

事業素質面の検証のポイントは、主として「事業領域」と「取扱製商品・サービスの内容」である。

a 事業領域

事業領域とは、経営理念に基づき企業が成長・発展を目指している事業基盤のことで、経営管理理論における「事業ドメイン」に相当する。当然、企業の憲法である経営理念と整合性がとれていることを要する。そのうえで、成長性・収益性に優れた事業領域を有していることが、事業素質の優劣を決定する。

また、事業領域の設定は「顧客志向」となっていなければならない。技術優先的な経営者のもとでは、「はじめに製品ありき」で顧客のニーズを軽視する傾向もみられるが、顧客に支持されない商売は事業として成り立たないことを忘れてはならない。

さて、有力企業の資本系列に属していることは、一般的には事業領域の安

定性に役立つといえる。有力企業からの人材支援、原料の安定供給、製品販売委託、技術援助、資金的支援などによって企業体質の強化を図ることも可能である。しかし、その半面で有力企業の支配下に置かれ、経営上の制約を受けるというデメリットもある。

資本系列の判定にあたっては、単に出資比率の高低にとらわれずに、両者の取引上の結びつきや出資関係の目的・効果を把握する必要がある。資本系列を過信することは危険であり、有力企業の対象企業に対する取引姿勢をよく検討しなければならない。

b 取扱製商品・サービスの内容

事業素質面の評価においては、その企業の取り扱う製商品あるいは提供するサービスの内容を熟知しなければならない。具体的には、本章第2節4(3)で述べたような、商品の優位性と生産・仕入・販売状況の2面からアプローチするが、一般的に、独自の技術に裏付けられた高品質と市場性の高い製商品をもつ企業の競争力は強く、特色のない製商品に依存する企業の競争力は弱い。

c SWOT分析

企業の事業素質の優劣を判定する手法としては、「SWOT分析」を用いることが有用である。

これは、企業を取り巻く内部環境や外部環境から企業が受ける影響を、内部環境については「強み (Strengths)」「弱み (Weaknesses)」に、外部環境については「機会 (Opportunities)」「脅威 (Threats)」に分類し、環境への適応能力を把握する手法であり、内部環境では、ヒト、モノ、カネや自社の特性など経営資源に関する分析を行い、外部環境では、マクロ環境(自然、政治・経済、社会、技術等)およびミクロ環境(市場、業界、供給・流通面等)による分析を行うものである。

3 「カネ」の分析－財務分析

　企業の扱う「カネ」には2つの側面がある。1つは外部からの資金調達であり、端的には銀行取引状況に表れるが、資本市場からの直接調達も増加しており、それを含めた検証が必要である。いま1つは、企業の資金の調達・運用状況およびその成果であり、これは財務諸表に表れる。財務諸表の検証は財務諸表分析である（本章第4節参照）。

(1) 銀行取引状況

　金融機関からの借入れによる資金調達状況の検証である。最近は資本市場からの直接調達も増加しているが、企業にとっては安定した調達手段が欠かせないので、中小企業を中心に多くの企業が依然として金融機関からの借入れによる調達に依存している。

　この面での検証項目は、メイン行の存在、取引金融機関の数・種類、取引歴、借入残高、借入内容等であり、メイン行をはじめとした金融機関の取引姿勢を診る。特にメイン行の姿勢は重要であり、人材派遣状況、資本的関係、借入以外の諸取引状況についても調査する必要がある。金融市場がタイトになり、金融機関からの借入調達が困難となる場合に、メイン行がどの程度資金面でバックアップするかで企業の運命が決することもある。

(2) 財務諸表

　財務諸表とは、企業の財務状況および経営成績の報告書であり、財務諸表規則によれば、貸借対照表、損益計算書、株主資本等変動計算書および付属明細書（資産明細ほか）があげられている。さらに株式上場会社等についてキャッシュフロー計算書が追加されている（金融商品取引法193条、財務諸表等の用語、様式及び作成方法に関する規則1条）。

　財務諸表の分析は、企業の財務面からその実態を知るうえで不可欠である

ばかりでなく、企業の過去からの活動状況が計数的に表されているので、分析者の主観が入る余地がなく、客観的に企業内容を把握できるという点で、他の信用調査と異なるものである。

分析手法等は後で述べるが、留意すべきは、財務諸表分析で企業の実態が完全に把握できるというものではないということである。たとえば返済能力や将来性は、分析結果からは完全にはわからない。財務諸表の計数が不完全であったり粉飾されていたりすることもある。したがって、分析結果を過信することは危険であり、分析内容の確実さを期すには限界もあるが、それでもなお、財務諸表分析は信用調査の中心的位置を占めるものである。

4 経営資源としての情報管理・活用面の評価

本章第2節でも述べたとおり、企業の経営資源としては、それまでのヒト、モノ、カネに「情報」を加える考え方が有力である。具体的には、企業活動に係る知識やデータ、あるいは情報機器などの、入手、管理、活用状況を診ることである。

企業活動における「情報」とは、企業の内部または外部との間で交換・伝達され、企業の行動選択に直接・間接に役立つとみなされるデータや知識等の総称である。そして、これらを集めて活用する能力を「情報力」という。

経営資源としての「情報力」を検証する場合のポイントとして、以下のような点があげられる。

・情報の管理活用についての企業意識
・情報の収集体制と管理状況
・情報の活用状況
・情報化のコストとその効果のバランス状況
・情報ネットワークの構築状況

企業が、情報の収集・管理・活用を一体化した情報システム化を進める場

合、システムの導入コストと効果が見合っていない、つまりコスト倒れになっているケースが見受けられる。伝達、処理すべき情報量が多いほど、コスト対効果の関係は良化するが、一般に中小企業は情報処理量が相対的に少ないため、システム化のコスト負担は大きくなる。このような場合には、情報ネットワーク化におけるハード面の共同利用を図るなど、コスト負担を軽減する工夫も必要である。

　情報は、単に収集するだけでは意味がない。情報利用者にとって便利なように加工され、活発に利用されてはじめて価値が出てくる。経営に関する諸情報を収集、整理、加工して、企業経営に役立つものに変換する仕組みが「情報管理システム」であるが、このシステムの評価に際しては、導入目的との整合性、利用状況の適切性、他の情報ネットワークとの適合性等を検証し、経営資源としての価値を判定する。

第4節

財務諸表分析

1 財務諸表分析の目的と留意点

(1) 財務諸表分析の目的

　財務諸表分析とは、企業の経営実態について、カネという財務面にスポットを当て、企業が作成する貸借対照表や損益計算書等の財務諸表を分析・比較・解釈することである。

　ある企業との取引に際して、自己の債権の安全を図るために、当該企業の支払能力や収益力など財務面を調査し、加えて、経営者や従業員の状況、取扱製商品・サービスや設備の状況など非財務面についても多面的な調査・分析を行うことを、一般に信用分析というが、財務諸表分析は財務面調査の中心となる手法である。

　金融機関にとって、融資先の財務諸表分析を行う目的は、一義的には、融資が安全・確実に返済されるかどうかを見極めるため企業の財務面の実態および問題点を把握すること、そして融資判断の際の資金使途や返済能力の妥当性を検討する資料とすることに集約される。この意味においては、企業の収益力、安全性、資金繰り等が分析の重点となる。しかし最近は、これらに加えて、企業の成長性分析にも関心が向けられている。たとえば、自己査定における適切な債務者区分のためには、企業の静態的財務状況の把握に加えて動態的分析が必要とされており、あるいは企業の再建支援に際して企業の立場での財務分析を求められる場面が増えていることがあげられる。

(2) 財務諸表分析の留意点

　財務諸表分析にあたっては、融資先から資料として、貸借対照表、損益計算書、製造原価報告書、株主資本等変動計算書、勘定科目内訳書、キャッシュフロー計算書などを入手する。しかし、これらの書類は、内容が不完全であったり、決算操作や粉飾が施されていたりすることがある。したがって、内容に疑問や不明な点がある場合には、より詳しい資料の提出を求め、必要なヒアリングを行い、あるいは実地調査を実施して、真正な内容の把握に努めなければならない。この段階で粉飾を見破ることも、財務分析の重要な目的である。

　財務状況が表面と違っている場合には、実態に合わせた修正貸借対照表（実態バランス）や修正損益計算書を作成し、企業財務の実態を浮彫りにすることが必要である。

　このような実態分析を行うためには、最近数期分の財務諸表の提出を求め、その時系列的な比較を行うことが効果的である。粉飾や決算操作は、直前２期の比較だけでは明らかにできないことが多いが、数期間の数字の動きを連続して分析することで矛盾点がみえてくるものである。

2　財務諸表分析の着眼点

　財務諸表分析の着眼点は、分析にあたる人の立場や目的により多少異なるが、一般的には、以下の４つが分析のポイントである。
・収益性分析
・安全性分析
・生産性分析
・成長性分析

(1) 収益性分析

収益性分析とは、企業がどの程度の収益力を有するかを調べるもので、その中心は投下資本利益率（利益÷投下資本）の分析にある（詳細は後記4参照）。

(2) 安全性分析

安全性分析には、財務安全性および経営安全性の分析がある。企業の安全性を判断するには、この2つをトータルでとらえて検討する必要がある。

財務安全性分析は、企業の支払能力、資金繰り状況を診るもので、必要に応じてスムーズに支払ができるかどうかを知るための分析である。融資の安全性を判定するためには、収益性分析と並んで欠かすことのできないものである（詳細は後記5参照）。

一方、経営安全性分析とは、必要なときに必要なだけ製品を生産し販売する体制ができているかを知るための分析である。具体的には、原材料の確保状況、仕入ルートの安定性、生産設備の適正さ、製商品の競争力、販売ルートの確保状況などを診るためのものであり、一般には販売管理、仕入管理、労務管理等が分析のポイントになる。

(3) 生産性分析

生産性とは、生産高または売上高（アウトプット）を出すために、企業内でどの程度の付加価値（インプット）を加えたかを示す指標であり、特に製造業では重要な分析指標である（詳細は後記6参照）。

(4) 成長性分析

成長性分析は企業の成長力についての分析であり、売上高増加率や利益増加率が分析の中心となる。

この分析を通じて企業の成長性、将来性を判定することは重要な分析ポイ

ントであるが、成長性分析は、主に収益性、安全性、生産性分析の諸指標を時系列に診ていくことであり、分析手法そのものではない。したがってここでは詳しい説明は省くが、検討ポイントを列挙すれば以下のようになる。

① 売上高や付加価値の増加率が業界全体の増加率を上回ることが望ましい。
② 従業員数、人件費、総資本、固定資産の増加率よりも売上高増加率の伸びが大きいほうが望ましい。
③ 売上高の増加率よりも付加価値、利益、自己資本等の増加率がそれ以上に大きいほうが、経営の効率がよい。
④ 製品の研究開発活動（売上高研究開発費比率）に対する評価検討も、業種によっては重要である。

3　財務諸表分析の手法

　財務諸表分析の手法には、いくつかの種類がある。
　まず、1期間のみの財務諸表を分析する単一分析と数期間の財務諸表の計数の増減状況を比較する比較分析とがあるが、金融機関が用いる分析手法としては、単一分析では不十分であり、比較分析によることが原則である。
　また、財務諸表における数値を分析するに際して、金額のまま分析する実数分析と、比率を算定して分析する比率分析との種別がある。

(1) 実数分析

　実数分析には、増減法および損益分岐点分析がある。
　増減法とは、比較対象の2期間の財務諸表上の数値の増減を算定し分析するもので、具体的なものとしては、比較貸借対照表、比較損益計算書、利益増減分析、資金運用表分析、資金移動表分析などがある。
　損益分岐点分析とは、企業の損益がゼロとなる売上高（損益分岐点）を求

めて、経営安全率や設備投資効果の測定等を通じ、企業の収益構造を把握するものである。

実数分析は、個々の事実を実数によって把握できるので、具体的でわかりやすいが、実数値の相互関係が把握しにくいという欠点がある。

(2) 比率分析

比率分析には、構成比率法、関係比率法、指数法の3つがある。

比率分析は、分析対象項目を一定の比率で表すので、同一企業の期間比較や同業他社や業界平均値との比較分析に便利であるが、規模の大小による質的な違いが把握できないという欠点がある。

a 構成比率法

構成比率法とは、たとえば貸借対照表の資産合計を100とし、各勘定科目の残高を百分比で表して、その構成状況をみる方法である（百分比貸借対照表）。このほかに、売上高を100とする百分比損益計算書もよく用いられる。

b 関係比率法

関係比率法とは、たとえば「流動資産÷流動負債」によって流動比率を算定するような方法をいう。

流動比率のように、貸借対照表の勘定科目相互間の関係比率を算定して、一定時点の財務状況を検討することを「静態分析」といい、また総資本経常利益率のように、貸借対照表と損益計算書との勘定科目相互間の比率を算定して、一定期間における企業の活動状況を検討することを「動態分析」という。

c 指数法

指数法とは、たとえば4期間の貸借対照表を並べて、最初の期の計数を100とし、2期以後の計数を指数化する分析方法で、各係数の変化状況や傾向が鮮明に把握できる。「趨勢分析」ともいわれる。売上高伸び率、利益伸び率、自己資本増加倍率等がある。

4　収益性分析

　収益性分析では、企業がどの程度の収益力を有するかを分析する。企業は利益を得ることを最大の経営目標として日々の活動を行っており、したがって収益性分析は、財務諸表分析のなかでもきわめて重要な位置を占めるものである。

　この分析の中心は、投下資本利益率の分析にある。使用した資本総額に対する利益の割合が高いほど、収益力が優れていることになる。

　収益性分析にあたっては、まず損益計算書による分析を行い、その後に貸借対照表との関連分析を行う。さらに損益分岐点分析を実施して収益構造を把握する。

(1)　損益計算書による収益性分析

　損益計算書分析の目的は、損益の実態を把握することにある。そのためには、最低3期分の損益計算書を入手して、比較損益計算書、趨勢損益計算書を作成し、売上高をはじめとして損益関係項目の時系列的な変化や趨勢（トレンド）を調査・分析する。また、百分比損益計算書により、売上高に対する利益率や売上高に占める人件費等費用の比率などを把握する。図表2―1は、比較損益計算書の例である。

　これらに、判明している範囲内で決算操作などの特殊要因を修正して、損益実態の把握ができるようにする必要がある。

a　売上高のチェック

　売上げは企業の収益の源泉であり、これが増加しなければ企業の成長は期待できない。ただし、売上げが増加しても利益が増えないようでは成長企業とはいえない。また、資産が増えることも成長のポイントであるが、単に総資産の伸び率を調査するだけでは意味がない。

　そこで資産から負債を控除した純資産（自己資本、実資力）の増加状況を

【図表2-1】 比較損益計算書の例

比 較 損 益 計 算 書

店名			店
支店長		担当	

会社コード ○○○○○○○
会社名　　Ａ社
業種　　　07 卸売業
連単区分　単独

単位：千円

科　　目	H26／03	H27／03	増　減
売上高	119,446	100,028	△19,418
売上原価	83,802	68,925	△14,877
売上総利益	35,644	31,103	△4,541
(売上高総利益率　％)	(29.84)	(31.09)	(1.25)
販売費・一般管理費	43,467	26,259	△17,208
営業利益	△7,823	4,844	12,667
営業外収益	2,046	2,424	378
受取利息・配当金	20	86	66
資産処分・評価益			
有価証券処分・評価益			
不動産賃貸料			
その他　　　　＊	2,026	2,338	312
営業外費用	3,136	1,727	△1,409
支払利息・割引料	1,772	1,727	△45
資産処分・評価損			
有価証券処分・評価損			
その他　　　　＊	1,364		△1,364
経常利益	△8,913	5,541	14,454
特別利益			
固定資産処分・評価益			
有価証券処分・評価益			
その他　　　　＊			
特別損失			
固定資産処分・評価損			
有価証券処分・評価損			
その他　　　　＊			
税引前当期利益	△8,913	5,541	14,454
法人税・住民税及び事業税	80	80	0
法人税等調整額			
当期利益	△8,993	5,461	14,454
(減価償却費)	(7,664)		(△7,664)
前期繰越利益	△35,417	△44,410	△8,993
過年度税効果調整額			
再評価差額金取崩額			
積立金目的取崩額			
中間配当金			
中間利益準備金			
当期未処分利益	△44,410	△38,949	5,461
積立金等取崩額			
役員賞与・配当金			
積立金・準備金積立			
次期繰越利益	△44,410	△38,949	5,461

	科　目	H26／03 (売上高比率) (粗利益率)	H27／03 (売上高比率) (粗利益率)	増　減 (売上高比率) (粗利益率)
売上高明細	上記記載略	( )	( )	( )
		( )	( )	( )
		( )	( )	( )
		( )	( )	( )
		( )	( )	( )
		( )	( )	( )
		( )	( )	( )
		( )	( )	( )
	合　計　額			

決算収支概況・増減要因

記載略

	科　目	H26／03	H27／03	増　減
売上原価・製造原価明細	当期総製造費用			
	材　料　費　計			
	労　務　費　計			
	経　費　計			
	外注加工費			
	燃料費・動力費			
	荷造運送費			
	賃借・リース料			
	租税公課			
	減価償却費			
	その他経費			
	当期製品製造原価			
	当期商品仕入高			

	科目	H26／03	H27／03	増　減
販売費・一般管理費	販売費・一般管理費計	43,467	26,259	△17,208
	人件費計　　＊	23,970	15,252	△8,718
	荷造・運送費	70	59	△11
	販売手数料			
	広告宣伝費	313	299	△14
	賃借・リース料	159	108	△51
	租税公課	2,733	2,624	△109
	交際費	59	14	△45
	車両・燃料費	3,369	3,417	48
	減価償却費	7,664		△7,664
	その他	5,130	4,486	△644

(＊科目の内訳については特に詳細を調査のうえ増減要因等を分析のこと。)

診ることが重要である。売上げの伸びと資産の増加が均衡を保ちながら企業が成長し発展している状態（均衡成長）が、望ましい姿である。均衡成長の当否は、基準期の売上げと資産を100として、それ以後の伸び率を指数化し、それを比較することにより判定できる。

b　利益面のチェック

まず、売上総利益（粗利益）の多寡、伸び率を検証する。売上高との対比、販売単価の水準、売上原価の内容などが検証の対象である。製造業の場合は、製造原価の内容についても分析する。

営業利益段階では、販売経費について売上高対比で費目ごとに内容を検証する。固定費については間接部門の費用割合の適切性や販売効率の良否など、変動費については売上高の変化とパラレルに変化しているか等を中心に、その当否を判断する。

経常利益については、営業外収益および営業外費用の内容を検証する。特に営業外費用の支払利息の多寡については、売上高に対して妥当な水準か、営業利益でカバーできる範囲に収まっているかを検証する。営業利益以上に利息支払負担がある場合は、借入過多であり問題が多い。

売上高総利益率や売上高営業利益率などの各指標は、同業他社との比較によって、企業の収益力の相対的強弱をみることができる。この場合、収益の源泉が営業利益であるか営業外収益であるかによって、収益力の安定性を判断することがポイントである。もちろん、営業利益が源泉になっているほうが収益力は安定しているといえる。

営業利益については、主要な製商品の売上動向や販売先の動向に注意して、販路の安定性、原価の特徴を把握する。償却前引当前利益は設備資金や長期資金の返済財源なので、過去の実績との比較、今後の返済財源としての安定性などを診る必要がある。

(2) 貸借対照表との関連分析

損益計算書分析は、貸借対照表と関連づけることで、以下に述べるように、より有益な判断指標が得られる。

① 損益計算書の売上高や利益と貸借対照表の総資本（負債と資本の合計額）とを結びつけることによって、総資本対利益あるいは総資本対売上高の割合といった、総資本の効率を分析することができる。

② 売上債権、棚卸資産、固定資産等と売上高とを関連づけることで、各勘定項目の残高（有高）の適否を判断することができる。

③ 損益計算書の金融費用と貸借対照表の有利子負債とを結びつけて、金融負担の適否を判断できる。

このなかでも、資本効率の分析が特に重要である。資本効率性は、一般的には回転率により判定され、回転率が高いほど資本効率も高いといえる。

a 資本利益率の分析

資本効率の分析の第1段階は、資本利益率（ROA：Return on Asset）の分析である。資本利益率とは、一定期間（一決算期間）の利益の総資本に対する割合であり、一定期間に投下した資本に対してどの程度の利益をあげているかを示している。

　　　資本利益率＝利益÷資本　（％）

この比率が高いほど、対象企業の収益性は高いということがいえる。

この算式の分子に各段階の利益（営業利益、事業利益、経常利益、当期利益等）を選ぶことで、異なった切り口の分析ができる。

たとえば、総資本経常利益率は次のように利用できる。

　　　総資本経常利益率＝経常利益÷総資本　（％）

企業全体の総合的な収益性を表す指標として一般的に利用されるもので、分母の総資本は正確には一定期間における平均資本額を用いるが、実務上は期首と期末との総資本の平均額が便宜的に用いられる。

なお、金融機関が融資先の収益性分析をする際には、分子に事業利益（営

業利益に受取利息・配当金を加えたもの）を用いた「使用総資本事業利益率」が有用である（本章第1節2⑷参照）。

b 総資本経常利益率の展開

前記の総資本経常利益率は、売上高を介在させることで次のように分解できる。

総資本経常利益率＝売上高経常利益率×総資本回転率

ここで、売上高経常利益率、総資本回転率は以下のとおり。

売上高経常利益率＝経常利益÷売上高 （％）

総資本回転率＝売上高÷総資本 （回）

つまり、総資本経常利益率は売上高経常利益率と総資本回転率との相乗積であり、双方の要素の影響を受けることがわかる。

総資本回転率の分子の売上高は企業活動による総資本の回収額を表すものであり、したがって総資本回転率は、一定期間内に投下された総資本が何回回収されたかという、総資本の運用効率を示す指標である。回転数が多いほど運用効率がよいことを意味する。

総資本経常利益率が増減した場合、それが売上高経常利益率の増減によるものか、総資本回転率の変化によるものかを診ることで、収益力のベースを判断することができる。

c 総資本回転率の展開

総資本は具体的な運用形態としての各種の資産で構成されているので、資産ごとの回転率を算定し、それぞれの運用効率を検討する必要がある。

そのなかでも、重要な回転率の指標として、売上債権回転率、棚卸資産回転率、固定資産回転率の3つがあげられる。それぞれの算式は以下のとおり。

売上債権回転率＝売上高÷売上債権（＝受取手形＋売掛金） （回）

棚卸資産回転率＝売上高÷棚卸資産 （回）

固定資産回転率＝売上高÷固定資産 （回）

回転率は、各資産残高を平均月商で割り算した回転期間（単位は「月」）でとらえることも多く、それは各資産が１回転するのに何カ月を要するかを示している。

　回転率と回転期間とは逆数の関係にあり、換算するには次のようにして算定する。

　　回転率＝12÷回転期間

　　回転期間＝12÷回転率

　上記の各資産の回転期間は以下のようにして算定される。

　　売上債権回転期間＝（受取手形＋売掛金）÷平均月商　（月）

　　棚卸資産回転期間＝棚卸資産÷平均月商　（月）

　　固定資産回転期間＝固定資産÷平均月商　（月）

　これら回転期間は、短いほど投下資本の効率がよいことになるが、棚卸資産回転期間が短すぎる場合には、生産や販売活動に支障が出るおそれもあり、適正在庫水準との比較検討が必要である。

d　負債・純資産側の回転率

　資本の運用効率を負債・純資産側から分析する場合もある。買入債務回転率、負債回転率、自己資本回転率等がそれに該当するが、実務上は買入債務回転率（回転期間）がよく用いられる。

　　買入債務回転期間＝（支払手形＋買掛金）÷平均月商　（月）

　この回転期間が短いほど仕入先に対する支払条件がよいことを示し、長期化傾向にある場合は仕入面が悪化している懸念がある。

(3) 損益分岐点分析

　企業の損益は「売上高－費用」で表され、売上高が費用より多ければ利益が発生し、逆の場合は損失が発生する。そして、企業の損益がゼロ、すなわち「売上高＝費用」となるときの売上高を「損益分岐点」という。

　損益分岐点の分析を行うことによって、企業の収益構造を把握することが

できる。

　この分析を行うにあたっては、費用を固定費と変動費とに分解する必要がある。固定費とは売上高の増減にかかわりなく一定額が必要となる費用であり、変動費とは売上高に比例して増減する費用である。

　費用の分解方法として実務上よく用いられる簡便な方法に、次に示すような個別費用法がある。

　　　固定費＝労務費＋（経費－外注加工費－電力料－ガス水道料）＋（販売費
　　　　　　および一般管理費－荷造運搬費）
　　　変動費＝支出－固定費
　　　　（注）支出＝売上原価＋販売費および一般管理費

　損益分岐点の求め方には、図表によって求める方法と算式による方法とがある。

　図表による場合は、図表2—2に示す売上高線と「固定費＋変動費」の費用合計線とが交わるA点が損益分岐点になる。実際の売上高がS1の位置にあればP$_1$だけの利益をあげることができ、逆に売上高がS2の位置にあればP$_2$だけ損失が発生することになる。

　算式による場合は次のようにして求める。

　　　損益分岐点売上高＝固定費÷（1－変動費率）＝固定費÷限界利益率
　　　変動費率＝変動費÷売上高

　この算式により、損益分岐点を低下させ利益を出しやすい企業体質にするには、固定費を圧縮するか変動費率を低下させることが必要であることがわかる。

　損益分岐点売上高が実際の売上高に対してどのくらいの割合になるかを示す比率を「損益分岐点比率」といい、下記の算式で表される。これは企業の収益構造を示すものであり、一般的にはこれが小さいほど収益構造が安定しているといえる。

　　　損益分岐点分析＝損益分岐点売上高÷（実際の）売上高　（％）

【図表２－２】　損益分岐点の求め方

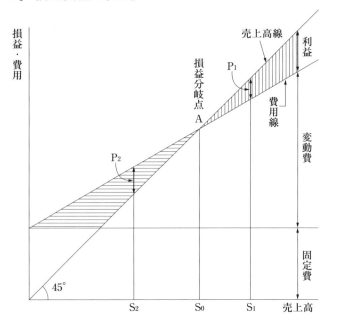

5　安全性分析

　安全性分析には財務安全性および経営安全性の分析があるが、ここでは財務安全性の分析について解説する。
　本分析の中心は貸借対照表を用いた分析であるが、それに加えて資金繰りの動向を検証するための実数分析も大切である。

(1)　貸借対照表による安全性分析のポイント

　貸借対照表による安全性分析のポイントは次の２点である。
① 　勘定科目のチェック
② 　比率分析

企業の経営上の問題点には、固定資産への過大投資、受取債権の不良化、棚卸資産の過大・不良化、自己資本不足と借入過多、純利益の不足などがあり、これらをいかにして発見するかが貸借対照表分析の目的である。

(2) 勘定科目のチェック

最近2期間ないし3期間の貸借対照表を用いて比較貸借対照表（図表2－3参照）を作成し、各勘定科目の増減状況を明らかにして財務内容の変化を把握し、その妥当性を検証する。

まず、売上債権（受取手形、売掛金）や棚卸資産（在庫）等の流動資産のなかに、渋滞性のもの、資金化までに1年以上を要するものが含まれていることがあり、その事実の有無をチェックする。

特に、仮払金や立替金、貸付金、投資など実態が把握しにくい資産や、前払費用、繰延資産などの費用性資産については、資産性の乏しい不健全なものが計上されていることが多いので、十分検証する。

また、借入金については、短期借入れとして計上されているものに実質長期化しているものがないか、長期借入れのうち設備借入れはどの固定資産と対応しているか、長期運転借入れに実質赤字資金化しているものはないか、業容に比べて借入額は相当か、資金調達姿勢は妥当なものかなどを検証する。

(3) 比率分析

比率分析でよく用いられる指標には下記のようなものがある。

a 自己資本比率

自己資本比率は、使用する総資本に対する自己資本の割合であり、資本構成面から企業の安全性を測る指標である。

　　　自己資本比率＝自己資本÷総資本　（％）

ここで自己資本とは、株主資本（資本金、資本準備金、利益剰余金、自己株

【図表2—3】 比較賃借対照表の例

比較賃借対照表

店名		店
支店長		担当

会社コード ×××××××
会社名　　B社
業種　　　07 卸売業
連単区分　単独

単位：千円

科　目	H26／03	H27／03	増減	科　目	H26／03	H27／03	増減
現金・預金	4,363	8,153	3,790	支払手形	12,495	8,432	△4,063
受取手形	414		△414	買掛金	7,124	9,930	2,806
売掛金	2,908	3,527	619	短期借入金　　　　※1	94,644	114,891	20,247
有価証券				1年以内償還予定社債			
当座資産計	7,685	11,680	3,995	設備支払手形等　　※2			
商品	5,451	6,049	598	未払金	2,350	1,656	△694
製品				未払費用			
半製品・仕掛品				前受金			
未成工事支出金				未成工事受入金			
原材料・貯蔵品				前受収益			
棚卸資産計	5,451	6,049	598	預り金	3,827	3,066	△761
未収入金　　　　※				仮受金			
短期貸付金　　　※				賞与引当金			
前渡金				未払法人税等	80	80	0
前払費用				未払事業税等			
立替金	6	6	0	その他引当金			
仮払金　　　　　※	17	26	9	繰延税金負債			
繰延税金資産				その他　　　　　※			
その他　　　　　※	97	97	0	流動負債計	120,520	138,055	17,535
その他流動資産計	120	129	9	社債			
△貸倒引当金				長期借入金	38,033	19,781	△18,252
流動資産計	13,256	17,858	4,602	退職給付引当金			
建物・構築物	73,658	73,658	0	繰延税金負債			
機械装置	84	84	0	その他　　　　　※	2,727	2,522	△205
車両・運搬具	2,469	2,469	0	固定負債計	40,760	22,303	△18,457
工具・器具・備品	1,560	1,560	0	特別法上の準備金等			
土地	62,246	62,246	0	負債合計	161,280	160,358	△922
建設仮勘定				株主資本	△5,910	△449	5,461
その他　　　　　※	3	3	0	資本金	10,000	10,000	0
有形固定資産計	140,020	140,020	0	資本準備金			
無形固定資産計	180	180	0	その他資本準備金			
投資有価証券　　※				利益剰余金	△15,910	△10,449	5,461
出資金・関係会社株式※	638	638	0	利益準備金	2,000	2,000	0
長期貸付金　　　※				その他利益準備金	△17,910	△12,449	5,461
繰延税金資産				任意積立金	26,500	26,500	0
その他　　　　　※	1,276	1,213	△63	繰越利益剰余金	△44,410	△38,949	5,461
△貸倒引当金				自己株式（△計上）			
投資等計	1,914	1,851	△63	評価・換算差額算			
固定資産合計	142,114	142,051	△63	その他有価証券評価差額金			
開発費・試験研究費				繰越ヘッジ損益			
その他　　　　　※				土地再評価差額金			
繰延資産合計				新株予約権			
資産合計	155,370	159,909	4,539	純資産合計	△5,910	△449	5,461
				負債・資本合計	155,370	159,909	4,539
所要運転資金（含む割引）	△10,846	△8,786	2,060	割引手形			
				譲渡手形			
				減価償却費	7,664		△7,664
				保証債務			
				減価償却累計額	41,854	41,854	0
				普通償却範囲額	7,664	6,728	△936
				固定資産償却不足累計額		28,971	28,971
				法人申告所得	△8,903		8,903
				期末従業員数	7	7	0

※1…「短期借入金」には1年内返済予定長期借入金が含まれている。
※2…「設備支払手形等」は所要運転資金算出のため営業性の買入債務とは別に表示している。

（＊科目の内訳については特に詳細を調査のうえ増減要因等を分析のこと。）

主要勘定科目の明細・増減要因
（記載略）

式の合計）と評価・換算差額等との合計とすることが一般的であり、単純に貸借対照表上の純資産の部とはならない点に留意する。自己資本は返済を伴わず、利子を払う必要もないので、使用資本としては最も安定的なものであり、また、おおむね負債に対する資産の超過額に相当するので、自己資本の多寡は企業の支払能力の高さを示している。

b　負債比率

負債比率は、自己資本に対する負債（他人資本）の割合であり、資本構成の安定性を診る指標である。これが低いほど、資本構成の安定性は高い。

負債比率＝（流動負債＋固定負債）÷自己資本　（％）

c　流動比率

流動比率とは、流動資産の流動負債に対する割合であり、これが高いほど企業の支払能力は高いといえる。

流動比率＝流動資産÷流動負債　（％）

仮に流動比率100％であれば企業の支払能力に余裕がないことになり、100％以下であれば支払能力が不足している状態である。

この比率を正確に把握するには、流動資産や流動負債に長期性のものが含まれていないことを検証し、もし含まれている場合にはそれを控除しなければならない。

d　当座比率

当座比率は、流動負債に対する当座資産（現金・預金、売上債権等）の割合であり、当座の支払能力を示す指標である。

当座比率＝当座資産÷流動負債　（％）

この比率は、流動資産のうち相対的に流動性の低い棚卸資産を控除したものであり、短期の支払能力を診るのに適している。

e　固定比率

固定比率は、固定資産を自己資本でどの程度調達しているかを診る指標で、固定資産の自己資本に対する割合で表される。

固定比率＝固定資産÷自己資本　（％）

　固定資産は自己資本の範囲内でまかなうべきという考え方からすれば固定比率は100％以下が望ましいが、借入れによる調達も排除すべきではないので、実務上は次の固定長期適合率を重視することが多い。

f　固定長期適合率

　固定資産の調達源として、自己資本に固定負債を加えて、固定資産に係る運用・調達面の安全性を判定しようとする指標である。

固定長期適合率＝固定資産÷（自己資本＋固定負債）（％）

(4)　資金繰り、運用・調達分析（実数分析）

　現在の企業会計制度は発生主義の原則によっているため、損益と現金収支とは必ずしも一致しない。したがって「勘定合って銭足らず」といった現象、すなわち「黒字倒産」が起こることもある。それゆえ、企業の一定期間の現金収支状況の推移を把握しなければ、真の財務安全性を診ることはできない。

　しかし、貸借対照表分析では一時点における短期支払能力の検証はできるが、一定期間における財務状態の推移を診ることはできない。この欠点を補うものが資金繰り面の実数分析である。

　資金繰り分析では、通常、資金繰表と資金運用表、資金移動表をツールとして用いる。

a　資金繰表

　資金繰表は、一定期間（通常は月別）のすべての現金収入と現金支出とをとらえて、実際の現金収支を総合的に示すものであり、図表２—４はそのフォームの一例である。

　資金繰表は、企業側では主として事前の資金計画として作成するが、企業審査においては、事前検討だけでなく、事後的に実績に基づき損益・財務面の内容を検証する場合にも用いる。

【図表2－4】 資金繰表の例

資金繰 実績／予想 表　〔自 平成　年　月／至 平成　年　月〕　（単位：百万円）

科目		実績 年月	実績 年月	実績 年月	予想 年月	予想 年月	予想 年月
前月繰越現金預金							
営業収入	売上代金						
	（同上受手）	( )	( )	( )	( )	( )	( )
	その他						
	（同上受手）	( )	( )	( )	( )	( )	( )
	手形割引						
	取立手形						
	小計						
営業支出	原材料代						
	（同上支手）	( )	( )	( )	( )	( )	( )
	外注加工費						
	（同上支手）	( )	( )	( )	( )	( )	( )
	人件費						
	諸経費						
	（同上支手）	( )	( )	( )	( )	( )	( )
	営業関係支手決済						
	その他						
	小計						
営業収支							
営業外収支	受取利息配当金						
	支払利息割引料						
	決算関係資金						
	その他営業外収支						
短期借入金							
短期借入金返済							
差引過不足							
長期資金収支	長期借入金						
	増資・社債						
	その他						
	小計						
	設備資金支出						
	（同上支手）	( )	( )	( )	( )	( )	( )
	長期借入金返済						
	社債償還						
	設備関係支手決済						
	その他						
	小計						
	差引						
差引純収支							
当月繰越現金預金							

参考
1．手形項目の（ ）内は手形の受取または振出額を外数で記入する。
2．手形割引は割引した手形額面金額を記載し、割引料は支払利息割引料欄に記入する。
3．特別利益・特別損失はその他営業外収支に含める。
4．参考欄を設け、受手裏書譲渡・割手落込・売掛金相殺・売上高・受注高などを記入する。

第4節　財務諸表分析

資金繰り分析で重要なことは、収益と現金収入との関係、費用と現金支出との関係をよく理解し、現金・預金の収支が金額的に釣り合っているか、収支のタイミングが合っているかなどをチェックすることである。分析上のポイントは以下のとおりである。

① 営業収支の収支尻は黒字か赤字か。赤字の場合、それがいつの時点でどのような原因で発生しているかを検証する。
② 売上高と現金回収・手形回収、仕入高と現金支出・手形振出の状況を対比し、それらの整合性や割合の変化に注意する。
③ 受取手形の割引・取立て、支払手形の決済が従前の取引条件に比べて遅れていないかなど、回収条件、支払条件の状況変化をチェックする。
④ 売上高と仕入れ・生産・在庫とのバランスに注意し、営業収支尻のマイナスが売上債権・在庫の増加や買入債務の減少による運転資金の増加によって生じたものか、あるいは赤字採算の結果で生じたものかを検証する。
⑤ 設備支払代金の集中や借入負担の増大の影響はないか、長期収支項目の営業収支尻へのしわ寄せはないかなどを検証する。
⑥ 全体の資金不足をどのような資金手当てで補填するか、借入金や資産売却、増資等が予定されている場合はその実現可能性もあわせて検証する。

　一般的に、売上高、支払・回収条件に変化がなければ、その期間の利益および非支出費用（減価償却費、諸引当金など）の分だけ、資金繰り上は余剰が生ずる。営業採算が赤字の場合は、収入過少、支出過大、繰越金減少の傾向が生じ、最終的には借入過大という状況に陥る可能性が大きいので、資金繰り分析段階でのチェックはおろそかにできない。

b　**資金移動表**

　資金繰表は外部の分析者が直接作成することができないので、それにかえて資金繰り状況を間接的に把握する目的で作成されるものが資金移動表である。

【図表2-5】 資金移動表の例

資金移動表 (単位：百万円)

経常収入	営業収入		
		売上高	
		売掛債権減少	
		前受金減少	
	営業外収入		
		営業外収益	
	計 （イ）		
経常支出	営業支出		
		売上原価	
		販売費および一般管理費	
		たな卸資産の増加	
		買掛債務の減少	
		（△）減価償却費	
		前渡金の増加	
		前払費用の増加	
	営業外支出		
		営業外費用	
	計 （ロ）		
経常収支過不足（A＝イ－ロ）			
設備関係等収支	収入	固定資産売却	
		有形固定資産減少	
		その他流動負債増加	
	支出	投資増加	
		繰延資産増加	
		その他流動資産増加	
設備関係等収支過不足（B）			
決算収支	支出	法人税等支払	
		配当・役員賞与	
決算収支過不足（C）			
財務収支	収入	長期借入金増加	
		短期借入金増加	
	支出	割引手形減少	
財務収支過不足（D）			
現金・預金増減（E）			
E＝（A）＋（B）＋（C）＋（D）			

第4節 財務諸表分析

資金移動表は図表2―5に示すようなもので、損益計算書および2期分の貸借対照表から作成される。

資金移動表では、資金の流れは、経常収支、設備関係等収支、決算収支、財務収支に区分されるが、なかでも重要なものは経常収支である。経常収支が赤字であれば、経常支出の支払はもちろん、設備支出や決算支出もすべて財務収支に依存することになる。このような状態が続けば支払能力は低下する一方で、やがては経営破綻という事態になる。

経常収支の状況をとらえる指標としては、経常収入の経常支出に対する割合で表される経常収支比率がある。

経常収支比率＝経常収入÷経常支出　（％）

この比率は100％以上であることが望ましく、100％を割り込む場合は支払能力の不足が懸念される。このような事態に陥るケースとしては、以下のような場合がある。

① 経常損益段階で慢性的に損失が発生している。
② その決算期に大幅な欠損が生じた。
③ 実質赤字を黒字にみせかけている（不良資産の除却見送り、粉飾決算の場合等）。
④ 売上高の急増で資金手当てが十分でない、あるいは季節変動の大きい商品を扱う企業で需要期に資金需要が増大した（一時的な資金不足であって短期間に回復するものであれば問題はない）。
⑤ 販売条件が仕入条件に比べて不利なため、在庫負担が増加している。

経常収支比率を算定するためのツールとしては、図表2―6に示すような経常収支比率算出表も工夫されている。

c　資金運用表

資金運用表とは、2期間の貸借対照表を比較し、各勘定科目の増減を資金の源泉（調達）と資金の使途（運用）とに分類して、当該決算期間中に、資金がどのように使用され、またその資金がどのようにして調達されたかを示

【図表2－6】 経常収支比率算出表の例

取引先　　　　　（　／　期）　　　　　　　　　　　　　　（単位：百万円、千円）

	科　目	金　額	科　目	金　額
経常収入	当期純売上高 前期受取手形 〃 売掛金 〃 割引手形 〃 裏書譲渡手形 当期前受金・前受収益 〃 営業外収益 前期未収金・未収収益		当期受取手形 〃 売掛金 〃 割引手形 〃 裏書譲渡手形 前期前受金・前受収益 当期未収金・未収収益	
	上記　計 a		上記　計 b	
	経常収入合計（a－b）			ア
経常支出	当期売上原価 〃 販売費一般管理費 〃 営業外費用 〃 棚卸資産 前期支払手形 〃 買掛金 当期前渡金・前払費用 前期未払金・未払費用 前期貸倒引当金 〃 賞与引当金 〃 退職給与引当金		前期棚卸資産 当期支払手形 〃 買掛金 前期前渡金・前払費用 当期未払金・未払費用 当期貸倒引当金 〃 賞与引当金 〃 退職給与引当金 〃 減価償却実施額	
	上記　計 c		上記　計 d	
	経常支出合計（c－d）			イ

・経常収支比率（％）：（ア÷イ）×100＝＿＿＿＿％
・設備支手など経常外のものは控除すること

すものである。図表2－7はその実例であるが、これによりその期間内の資金の運用・調達状況の適否を資金繰り面から把握できる。

　資金の運用・調達の要因は次のように分類される。

① 資金の運用
・資産の増加……売上債権、棚卸資産など流動資産の増加、土地・建物等の購入・建設による固定資産の増加
・負債の減少……買入債務などの減少や短期借入金の返済による流動負債の減少、社債償還や長期借入金の返済などによる固定負債の減少
・資本の減少……減資、損失の発生など

② 資金の調達
・資産の減少……売上債権や棚卸資産など流動資産の減少、土地・建物の売却などによる固定資産の減少
・負債の増加……買入債務などや短期借入金の増加による流動負債の増加、社債発行や長期借入金の増加などによる固定負債の増加
・資本の増加……増資、利益の発生など

資金運用表によるチェックポイントをまとめると、以下のようになる。

(イ) 短期・長期別の運用・調達のバランス状況

通常、運転資金は短期の資金需要であり、その調達は短期借入金や割引手形の増枠によることが原則である。一方、設備資金は資金の性格上、内部留保や増資、社債、長期借入金でまかなわれるべきである。このような資金の運用・調達が、短期・長期の別でバランスがとれているかどうかを、資金運用表分析で検証する。

長期の資金需要（運用）を短期資金で調達していれば、資金繰りはいずれ窮迫してくることが予想される。

(ロ) 資金需要の妥当性

たとえば、運転資金の増加要因として在庫や売上債権が異常に増加している場合には、不良在庫や焦付債権の発生が懸念される。企業の業容に比べて資金需要のアンバランスな増加があれば、その原因を検証し資金繰り面への

【図表２－７】資金運用表の実例

資金運用実績表

取引先名　S工業（株）

[自 平成　年　月　日] 　[第15期]
[至 平成　年　月　日] 　[〜第16期]

(単位：百万円)

長期面

運用　科目	主な内訳	金額	調達　科目	主な内訳	金額
諸費金（中間配当金含む）		128	自　己　資　金		118
（配当金支払）	(10)		（当期利益）	(76)	
（役員賞与支払）	(18)		（固定資産償却）	(37)	
（法人税等支払）	(100)		（繰延資産償却）	(2)	
設　備　投　資	主な工事名	188	（貸倒引当金）	(1)	
投　融　資　等		2	（賞与引当金）	(2)	
繰延資産の増			（退職給与引当金）	(　)	
			（諸引当金の増）	(　)	
納税充当金			84		
設備給与手の増					
そ　の　他		2			
合　　　計		320	合　　　計		202
長期面余裕			長期面不足		118
再　　　計		320	再　　　計		320
短期面余給（増減）		90	長期面余給運		170

短期面（運転資金）

運用　科目	主な内訳	金額	調達　科目	主な内訳	金額
売上債権の増		92	買入債務の増		68
（受取手形）	(57)		（支払手形）	(36)	
（売掛金）	(35)		（買掛金）	(32)	
たな卸資産の増		49	未払費用の増		
（商品・製品）	(△50)		前受金の増		
（原材料）	(100)		預り金の増		
（半製品仕掛品）	(△1)				
（貯蔵品）	(0)				
前渡金の増					
前払費用の増					
そ　の　他		12	そ　の　他		△5
合　　　計		153	合　　　計		63
短期余給増			短期面不足（運）		90
再　　　計		153	再　　　計		153

総合面

運用　科目	銀行別内訳	金額	調達　科目	銀行別内訳	金額
借入金返済		118	借　　入　　金		170
（長期借入金）	(　)		（長期借入金）	(130)	
（短期借入金）	(　)		（短期借入金）	(40)	
割引手形の減			割引手形の増		29
譲渡手形の減			譲渡・賃金の増		
現金・預金の増		1	現金・預金の減		
有価証券の増			有価証券の減		10
合　　　計		209	合　　　計		209

記載上の注意

① 長期面・短期面の再計欄は、内容説明を付すること。総合面の合計欄は、各々調達・運用が一致する。

② 増減の著しい項目は、営業上の調達ないし運用項目を記載し、営業外の「その他」項目は調達ないし運用項目の「その他」項目に記載のこと。

③ 短期面の「その他」項目は営業ないし運用項目の「その他」項目に記載のこと。

④ 貸倒引当金、賞与引当金、退職給与引当金、価格変動準備金などは、純増減を記載のこと。

⑤ 固定資産売却損益、有価証券売却損益、当期利益の内訳欄に金額記載のこと。

⑥ 有価証券は流動資産に記載されているものを計上する。

影響度合いを分析する。

(ハ) 粉飾や融通手形の発見

資金運用表分析と回転期間の変化状況とをあわせて検証すれば、在庫の水増しや融通手形の発見につながることが多い。

(ニ) 予想資金運用表の作成

資金運用表は、事後的検討だけでなく、事前の資金繰り検討にも有効である。将来の予想貸借対照表と現時点の数値とを比較し、予想資金運用表を作成して、将来的な資金運用・調達およびその妥当性を判断することができる。

しかし、資金運用表は企業の全体的な財務状況や長期の資金繰りを把握するのには適しているが、短期の資金繰りや現金収支のタイミングなどはつかめないので、資金繰表分析とあわせて活用することが必要である。

資金運用表の分析例

図表2－7を用いて、Ｓ工業株式会社の資金運用・調達状況を検討しよう。

長期面では、決算資金128百万円、設備資金188百万円を主体とする運用を、当期利益76百万円、減価償却等37百万円、納税充当額84百万円などの調達でまかないきれず、差引き118百万円の資金不足となっている。

また短期面でも、売上債権、棚卸資産の増加等を主体とする運用を、支払手形や買掛金等の調達でまかなえず、90百万円の資金不足になっている。

以上、長短あわせて208百万円の資金不足を、長期借入金130百万円、短期借入金と割引手形の増枠計69百万円、および現金・預金の減10百万円によって調達しまかなっている。運用・調達の長短バランスは、おおむねとれていると判断できる。

(5) キャッシュフロー計算書による分析

　資金繰り分析のツールとして、キャッシュフロー分析も重視される。金融庁の金融検査マニュアルにおいて、適切な債務者区分判断のためにキャッシュフロー分析を用いて債務者の支払能力を予測すべきことが強調されていることもあり、企業審査の面でもそれが重視されるに至ったものである。

　キャッシュフロー分析といっても、従前は前述の資金繰表、資金移動表、資金運用表による分析が中心で、かつ、検証するキャッシュフローも簡便的に償却前税引前当期利益が対象とされていたが、株式上場会社等に対して、財務諸表の一部として「キャッシュフロー計算書」の作成が義務づけられて以来、それが主要な分析対象になっている。

　キャッシュフロー計算書の様式には、直接法と間接法との2つがあるが、間接法が用いられることが多い。図表2－8は、間接法によるキャッシュフロー計算書の様式である。

　キャッシュフロー計算書における「キャッシュフロー」とは、現金および現金同等物（容易に換金可能で、かつ価格変動リスクの少ない短期投資をいい、具体的には、期間3カ月以内の定期預金、譲渡性預金、CPなど、現金と同視できる物を指す）の増減としてとらえられ、「営業活動によるキャッシュフロー」（以下「営業CF」と略する）、「投資活動によるキャッシュフロー」（以下「投資CF」）、「財務活動によるキャッシュフロー」（以下「財務CF」）に区分して算定される。

a　営業CF

　企業が外部からの資金調達に頼ることなく、どの程度の資金を主たる営業活動から獲得したかを示すもので、具体的には、営業損益計算の対象になった取引に係るキャッシュフロー、営業活動に係る債権や債務から生ずるキャッシュフローならびに投資活動および財務活動以外の取引によるキャッシュフローが計上される。

【図表2−8】 キャッシュフロー計算表（間接法）

　　　　　社　　　　　　　　　　　　　　　　　　　　　　（単位：百万円）

	項目　　　　　　　　　　決算期	期	期	期
営業活動によるキャッシュフロー	税引前当期利益			
	(+) 減価償却費			
	(+) 貸倒引当金の増加額			
	(−) 受取利息および配当金			
	(+) 支払利息			
	(+) 為替差損			
	(−) 有形固定資産売却益			
	(−) 売上債権の増加額			
	(+) たな卸資産の減少額			
	(−) 買入債務の減少額			
	(−) その他の流動資産の増加			
	(+) その他引当金の増加			
	(+) その他の流動負債の増加			
	(+) その他の固定負債の増加			
	小　　　計			
	(+) 利息および配当金の受取額			
	(−) 利息の支払額			
	(−) 法人税等の支払額			
	営業活動によるキャッシュフロー			
投資活動によるキャッシュフロー	(−) 有価証券の取得による支出			
	(+) 有価証券の売却による収入			
	(−) 有形固定資産の取得による支出			
	(+) 有形固定資産の売却による収入			
	(−) 投資有価証券の取得による支出			
	(+) 投資有価証券の売却による収入			
	(−) 貸付による支出			
	(+) 貸付金の回収による収入			
	投資活動によるキャッシュフロー			
財務活動によるキャッシュフロー	(+) 短期借入れによる収入			
	(−) 短期借入金の返済による支出			
	(+) 長期借入れによる収入			
	(−) 長期借入金の返済による支出			
	(+) 社債の発行による収入			
	(−) 社債の償還による支出			
	(+) 株式の発行による収入			
	(−) 配当金の支払額			
	財務活動によるキャッシュフロー			
	現金および現金同等物に係る換算差額			
	現金および現金同等物の増加額			
	現金および現金同等物期首残高			
	現金および現金同等物期末残高			

b 投資CF

　将来の利益獲得および資金運用のために、どの程度の資金を支出し、または回収したかを示すもので、具体的には、有形固定資産の取得・売却、資金の貸付・回収、現金同等物以外の有価証券および投資有価証券の取得・売却などの取引に係るキャッシュフローが計上される。

c 財務CF

　営業活動および投資活動を維持するために、どの程度の資金が調達または返済されたかを示すもので、具体的には、借入れ・返済、株式発行や社債の発行・償還などの取引に係るキャッシュフローが計上される。

d フリー・キャッシュフロー

　営業CFと投資CFとを合計したものを特に「フリー・キャッシュフロー」という。企業の存続・発展のために投資活動支出は不可欠なものであるが、これをまかなった残りの現金等がフリー・キャッシュフローであり、いわば企業が自由に利用できるキャッシュを意味する。これが潤沢な企業は資金繰りが安定していると考えられるが、設備投資等が活発な成長企業においては、フリー・キャッシュフローがマイナスになっていることも多く、その場合には金融機関からの調達を含めた財務CFの安定性の検証が重要である。自己査定におけるキャッシュフロー分析では、この点を入念にチェックすることが必要である。

　（注）　フリー・キャッシュフロー（FCF）とは、本来は投資家および金融機関に対して配分可能なキャッシュフローを意味し、次の算式で表される。

　　　　FCF ＝ EBITDA － 支払税金 ± 運転資本増減 － 設備投資支出

　　　ここでEBITDA（Earning before Interest, Tax, Depreciation and Amortization）とは、支払利息・税金・減価償却費控除前利益を意味し、「キャッシュ利益」ともいわれる。税引前のキャッシュフロー・ベースの営業利益を示すものとしてとらえられる。

6　生産性分析

　生産性分析の中心は付加価値分析である。

　付加価値とは企業が生み出した新しい価値を指し、利益より広い概念である。通常は、売上高（生産高）から生産等に要した原材料費等の外部購入価値を控除した価値をいい、実務上は、下記の加算法と控除法が用いられている。

・加算法による付加価値（日本銀行方式）
　　＝経常利益＋人件費＋金融費用＋賃借料＋租税公課＋減価償却費
　（注）　金融費用とは支払利息・割引料、社債利息等をいい、人件費には福利厚生費、退職金等を含む。

・控除法による付加価値（加工高）（中小企業庁方式）
　　＝生産高－（直接材料費＋買入部品費＋外注工賃＋間接材料費）
　（注）　生産高＝純売上高－当期製品仕入原価

付加価値分析に用いる諸指標には次のようなものがある。

(1) 付加価値労働生産性

　従業員1人当りの付加価値額を付加価値労働生産性といい、生産性分析の代表的指標である。

　　付加価値労働生産性＝付加価値額÷（平均）従業員数

(2) 付加価値率

　売上高に対する付加価値額の割合を付加価値率という。企業内での加工度を意味する。

　　付加価値率＝付加価値額÷売上高　（％）

(3) 設備投資効率（設備生産性）

設備投資効率とは付加価値額の有形固定資産に対する割合であり、生産設備がいかに有効に使われているかをみる指標である。

　　設備投資効率＝付加価値額÷有形固定資産　（％）

(4) 労働装備率

実際に生産・営業活動に利用されている有形固定資産が、従業員1人当りどの程度であるかを示す指標を、労働装備率という。

　　労働装備率＝有形固定資産÷（平均）従業員数

(5) 労働分配率

労働分配率とは、付加価値額がその創出に参加した労働力にどの程度分配されたかを示す指標であり、労働効率をみる重要な指標である。

　　労働分配率＝人件費÷付加価値額

(6) 従業員1人当り売上高

販売面の効率をみる指標で、卸・小売業にとっては重要なものである。

　　従業員1人当り売上高＝売上高÷従業員数

以上の諸指標は、相互に密接に関連している。生産性分析にあたっては、これらの関連性に着目し、諸指標の構成要素の意味するところを理解することが必要である。

付加価値労働生産性（付加価値額÷従業員数）は、これに売上高を介在させると、従業員1人当り売上高と付加価値率とに分解できる。

　　労働生産性＝従業員1人当り売上高×付加価値率

　　（注）　従業員1人当り売上高＝売上高÷従業員数
　　　　　　付加価値率＝付加価値額÷売上高

労働生産性は、有形固定資産を介在させると、労働装備率と設備投資効率

とに分解できる。

　　労働生産性＝労働装備率×設備投資効率

　　（注）　労働装備率＝有形固定資産÷従業員数
　　　　　　設備投資効率＝付加価値額÷有形固定資産

　設備投資効率は、これに売上高を介在させると、付加価値率と有形固定資産回転率とに分解できる。

　　設備投資効率＝付加価値率×有形固定資産回転率

　　（注）　付加価値率＝付加価値額÷売上高
　　　　　　有形固定資産回転率＝売上高÷有形固定資産

　従業員1人当り人件費（人件費÷従業員数）は、付加価値額を介在させると、労働分配率と労働生産性とに分解できる。

　　1人当り人件費＝労働分配率×労働生産性

　　（注）　労働分配率＝人件費÷付加価値額
　　　　　　労働生産性＝付加価値額÷従業員数

第 5 節

内部統制面の充実

1　内部統制面の点検の重要性

　企業の信用調査においては、これまで述べてきたことのほかに、内部統制体制（内部統制システム）の構築整備とその実施状況の点検も重要である。
　一見して優良会社と考えられていた企業が、不祥事や業務上の重大事故等の発生に遭遇し、その事後対応のまずさもあって、たちまち経営危機を露呈するケースが多発している。融資審査の立場からは、これら事態の発生を的確に予見することはむずかしいことではあるが、思わぬ事態から与信が急激にリスクにさらされることは極力避けなければならず、そのためにはリスク管理体制とコンプライアンス体制を中心に企業の内部統制状況をチェックすることで、企業の内部統制面に内在する経営の脆弱性の有無を事前に把握する必要がある。

2　会社法等の求める内部統制

　会社法では、取締役会設置会社における取締役会の職務として、取締役の職務の執行が法令および定款に適合することを確保するための体制、その他会社の業務並びに当該株式会社及びその子会社から成る企業集団の業務の適正を確保するものとして法務省令が定める体制の整備を図ることを求めている（会社法362条4項6号）。また、取締役会設置会社以外の会社においても、取締役の職務として同旨の定めが置かれている（同法348条3項4号）。これが会社法の求める内部統制体制構築の規定であり、大会社（資本金5億円以

上または負債総額200億円以上の会社）についてはその構築が義務づけられているが、大企業以外の会社においては任意とされている。

　一方、金融商品取引法においては、上場会社等につき、有価証券報告書の記載内容に係る代表者の確認書および財務報告に係る内部統制を評価した結果をまとめた内部統制報告書の提出が義務づけられている（金融商品取引法24条の4の4）。この内部統制報告書については、一般的に公正妥当と認められる評価基準に準拠し、かつその評価結果をすべて重要な点において適切に表示されているかどうかについて、独立した第三者（公認会計士または監査法人）が監査を行ったうえで内部統制監査報告書を作成することとされている（同法193条の2第2項）。

3　内部統制の構成要素

(1)　会社法が求める内部統制体制

　会社法362条4項6号が求める「業務の適正を確保するため整備されるべき体制」とは、次に掲げるようなものである（会社法施行規則100条）。

- 取締役の職務の執行に係る情報の保存及び管理に関する体制（同条1項1号）
- 損失の危険の管理に関する規程その他の体制（同条1項2号）→リスク管理体制
- 取締役の職務の執行が効率的に行われることを確保するための体制（同条1項3号）
- 使用人の職務の執行が法令及び定款に適合することを確保するための体制（同条1項4号）→コンプライアンス体制
- 当該株式会社並びにその親会社及び子会社から成る企業集団における業務の適正を確保するための体制（同条1項5号）→企業グループにおける業務の適正性の確保体制

・監査役の監査が実効的に行われることを確保するための体制（同条3項）

これらのうち、金融機関の融資審査（信用調査）において特に重視されるべきものは、リスク管理体制とコンプライアンス体制である（後記4参照）。

(2) 内部統制の基本的構成要素

内部統制の基本的構成要素として求められるものは、以下の6項目である。

a　統制環境

企業が現在置かれている内部統制が必要とされる環境を意味し、組織の気風や企業風土を決定し、組織に属する者の統制に対する意識に影響を与えるとともに、ほかの基本的要素のベースとなるものである。具体的には、誠実性・倫理観の存在、経営者の意向および姿勢、経営方針・経営戦略、取締役会や監査役会あるいは監査等委員会の有する機能、組織の構造、組織内の慣行、権限・職責、従業員の士気、人材の状況などがあげられる。

統制環境は企業経営者の積極的アプローチが期待される分野であり、内部統制システムの起点と位置づけられる。精緻なシステムを構築しても、経営者や取締役等にこれを軽視する風潮があればシステムは形骸化し、企業は内部統制上のリスクにさらされることになる。融資が抱えるリスクにも大きく影響するので、慎重な検証が必要である。

b　リスク評価とその対応

企業の経営目的の達成に影響を与えるすべてのリスクを識別、分析および評価することによって、対象となるリスクへの対応を行うプロセスである。企業は、リスクの大きさ、発生確率等を分析し、経営へ与える影響度合を評価したうえで、回避、受容、低減、移転等の適切な対応選択を行う。融資審査においては、企業のリスク管理姿勢を中心に検証する。

c　統制活動

経営者の命令および指示が適切に実行されることを確保するために定める

方針および手続であり、権限や職責の付与規定、職務分掌規定等が該当する。

d　情報と伝達

　必要な情報が、組織や関係者相互間に適切に伝達される方法が確保されていることであり、端的には人的なまたは機械化された情報システムの構築状況を指す。

e　モニタリング（監視活動）

　内部統制の有効性を継続的に監視および評価するプロセスをいう。

f　IT（情報技術）への対応

　内部統制のほかの基本的要素が有効かつ効率的に機能するために、業務に組み込まれている一連のITを活用することを意味する。

4　内部統制面の検証ポイント

　融資審査（信用調査）の立場で企業の内部統制面の実状をチェックする際には、内部統制体制の全体を総括的に診ることに加えて、内部統制システムの中核であり、与信管理に直接影響するリスク管理体制とコンプライアンス体制を、しっかりと検証することが必要である。そのポイントは、おおむね以下のようなものになろう。

(1)　リスク管理体制

a　リスク管理の体制が整備されているか

　リスク管理体制が適切に整備されていることが大前提である。経営者に直属のリスク管理部門の設置、当該部門担当責任者の適格性と経営者への報告・意見具申の状況、リスク管理基本方針および管理ルールの策定、部門スタッフの適正配置、組織内の各部門への牽制機能および各部門との適切なコミュニケーションによるリスク発生時の早期対応態勢、ほかの担当役員・役

職者との連携体制などが整備されており、かつ、それらが有効に機能していることを検証する。

　企業の実務においては、事業部門ごとにそれぞれ個別のリスクの管理が行われている場合も多いが、金融機関としては、各部門でのルールに則した管理業務の遂行状況と、リスク管理部門に対する報告および連携の状況をチェックすることが必要である。

　リスク管理は、企業グループ全体を対象に行われる必要がある。多くの場合、グループ会社は相互に関連して業務を展開しているので、親会社はもちろん一部の子会社や関係会社の被る損害が、グループ企業各社の経営に大きな影響を及ぼすことがあるからである。

b　リスク評価の適正性は確保されているか

　リスクが認識された場合に、そこから発生する損害額（リスク量）を適正に計測する手法が確保されていることが重要である。計測されたリスク量には合理性、客観性が必要であり、その時々の経営判断でリスク量を恣意的に決定するようなことは、内部統制上許されることではない。

　事業部門あるいはグループ企業の内部で一次的なリスク評価が行われている場合は、その適切性をリスク管理部門がタイムリーに二次チェックできる体制となっていることがきわめて重要である。事業部制を採用している企業において、リスク管理部門のチェック機能が十分働かずに不適切なリスク処理が後日に発覚し、親会社の経営や信用に大きな損失をもたらすような事例も発生しているが、これなどはリスク管理体制の真価が問われる場面である。取引金融機関としても看過できない問題であり、企業の動向や経営体制に日頃から十分注意を払う必要がある。

c　管理すべきリスク対象が網羅されているか

　企業が管理すべきリスクは与信上の信用リスクだけではない。為替リスク、法務・訴訟リスク、業務遂行上発生するオペレーショナル・リスク、資産運用に係る市場リスク、ユーザーや消費者からマーケット・クレームを起

こされるリスク、企業内部者の不祥事等による損害およびそれを原因とする風評リスク、海外展開企業等が晒される国外情勢の変動リスク（戦争、政変、暴動、テロ行為、企業国有化など）、大型自然災害により被るリスク等、企業の活動状況によりさまざまなリスクが想定される。リスク管理基本方針には、企業が直面すると考えられるリスクが網羅されており、それぞれに対応方針が定められていることが求められる。

リスクの発生を完璧に予測することはむずかしいことであるが、ここに掲げるようなものは前もって対応策を講じておくべきであり、いわゆる想定外のリスク発生を極力ゼロに近づけることが必要である。

d　財務諸表の粉飾や誤記載のチェック体制が構築されているか

利益を実態以上に意図的に嵩上げし財務諸表の表面を良好にみせる粉飾行為は、企業ぐるみで行われる場合や一部の業務部門等が独断で行う場合などがあるが、いずれにしても重大なコンプライアンス違反行為であり、内部統制体制を揺るがすものである。同時にそれは企業のリスク管理体制をゆがめることであり、金融機関の融資審査にも大きな影響を及ぼすので、金融機関自身による粉飾の検証はもちろん、企業内部の粉飾防止に係る取組姿勢を点検することが重要である。

中小企業の決算においては、意図的ではなく過誤記載により結果的に粉飾が生ずるケースもあるが、企業内でそれをチェックできる態勢が備わっていないことには問題がある。

e　リスク発生に際して、**必要な対応措置が直ちに取られているか**

リスクが予見される場合の対応策としては、回避、受容、低減、移転（リスクヘッジ）等があり、どれを選択するかは企業の経営判断であるが、現に発生しているリスク（損害）については適切に損失処理をしなければならない。基本は資産勘定から損失額を控除する償却手続を行うが、損失額が未確定の場合には貸倒引当金勘定に損失見積額を引き当てる場合もある。ただし平成23年度税制改正で、資本金1億円以下の企業を除き、法人税の税務上の

損金処理としての貸倒引当金制度が廃止されたため、貸倒引当金の繰入れは有税扱いとなり、企業にとっては積極的に貸倒引当金繰入れを行うインセンティブが欠けることとなった点は否めないので、金融機関としては注意を払う必要がある。

最近はわが国企業による海外企業の買収（M＆A）も盛んであるが、買収後に当初の見込みに反して予期せぬ損失が判明し、あるいは期待したほどの事業成果が得られずに、多額の償却または引当てを余儀なくされるケースも散見される。それに耐えうる体力のある企業ならば当座の問題はないだろうが、通常は買収先事業の年間EBITDA（利払前、税引前、償却前利益）の10倍以内が妥当とされる買収価額に、プレミアムが上乗せされた結果M＆Aが高値つかみに終わることのないように、企業が進めるM＆Aの可否判断については、金融機関としても積極的に意見を述べるべきであろう。

(2) コンプライアンス体制（統制環境）

a 内部統制システムが構築され、適切に運用されているか

会社法により整備が求められる内部統制システムの構築のため、通常は、取締役会の決議に基づき「内部統制システムの基本方針」が策定される。その内容は、会社法が規定する6項目（前記3(1)参照）を基本に、企業の活動状況に整合した具体的なものである必要がある。

代表取締役は、事業年度ごとに自ら下記内容を盛り込んだ内部統制報告書を作成し、内閣総理大臣に提出する義務がある（金融商品取引法24条の4の4）。

・財務内容に係る内部統制の整備及び運用の方針と手続
・全社的な内部統制の評価に際し、経営者が採用する評価項目ごとの整備及び運用の状況
・重要な勘定科目や開示項目に関連する業務プロセスの概要
・各業務プロセスにおいて重要な虚偽表示が発生するリスクとそれを低減

する内部統制の内容
 ・前記項目に係る内部統制の整備及び運用の状況
 ・財務報告に係る内部統制の有効性の評価手続及びその評価結果並びに発見した不備とその是正措置（評価計画、評価範囲の決定、実施した内部統制の評価手順・評価結果・是正措置などに係る記録）

 さらに、この内部統制報告書が、一般的に公正妥当と認められる内部統制の評価基準に準拠し、かつその評価結果をすべて重要な点において適正に表示しているかについて、独立した第三者（公認会計士または監査法人）が監査を行い、内部統制監査報告書が作成される（同法193条の2第2項）。

 したがって企業の内部統制面を検証するには、内部統制システムの基本方針、内部統制報告書、内部統制監査報告書を閲覧し、内部統制システムの運用状況の適切性を評価することが必要である。

b 　内部統制システムの適切な運用のための統制環境には問題がないか

 統制環境とは、前記3(2)aに掲げるような内部統制システムの適切な運用の前提となる諸要素であるが、ここで重要なことは、いかに精緻で立派な内部統制システムを構築しても、それを運用する組織構成員の遵守姿勢が緩ければ効果があがらないということである。

 なかでも経営者自身の積極的な取組姿勢が求められ、「内部統制システムは建前であって本音は別」といった経営トップの考え方は、たちまち企業内に蔓延することになる。企業ぐるみの粉飾、他部門の不適正事象に目をつぶる風潮、トップの意向に逆らわない経営会議など、最近起こった企業の内部統制上の不祥事の原因の多くはここにある。この辺りは表面上の報告には現われ難いところであり、企業経営者や役職員との日頃の接触を通じて、問題点を把握するしかない。

 経営トップが誤った判断を行わないよう、あるいは危ういビジネスモデルの修正を図るように、取締役会や監査役あるいは監査等委員会の監督・監視が機能するためには、コーポレート・ガバナンスが確立されていることが前

提である。人事権をもったトップを牽制できるのは独立した社外取締役や社外監査役であり、統制環境面の検証に際してはこの点も含めた経営トップについてのガバナンス状況を診る必要がある。

c　コンプライアンス体制は構築されているか

　コンプライアンス体制とは、単に法令・規則や規範を遵守するよう企業内に触れ回ることではない。経営トップが「コンプライアンス・リスク管理の実践が目先の利益獲得に優先し、会社はその遵守を強く求める」というメッセージを社内に発信するとともに、人事評価・業績考課や組織面にもその考え方が反映されるよう、目にみえるような対策が講じられていることが必要である。コンプライアンスの形だけつくっても体制が機能していない例は多く見受けられるところであり、金融機関としては不祥事の未然防止の観点からも経営トップへの提言を心掛けるべきであろう。

　コンプライアンス体制の検証ポイントは、次のようなものである。

- 倫理基本方針（コンプライアンス基本方針）の策定
- コンプライアンス統括部署、コンプライアンス委員会の設置等の組織整備
- コンプライアンス・マニュアルの策定と内部研修の実施
- 内部通報窓口の整備および内部通報者の保護体制
- 内部監査の実施態勢
- 企業グループ全体での整備
- 積極的な開示体制

　しかし残念なことに、経営トップ以下がコンプライアンスの徹底を図り、社内監査態勢を強化し、組織内の風通しの良化に努めても、人の集合組織である企業から不祥事発生の芽を完全に除去することは不可能である。食品会社の異物混入事件、反社会勢力につけ込まれその対応を誤って信用失墜に追い込まれた事件などは、人事管理への不満や組織への誤った忠誠心という事件を引き起こした個人の形質や性格等による面が強く、単に体制を整備した

だけではその発生を防ぐことが困難である。したがって、不祥事の発生時における企業の対応態勢の構築状況についても検証する必要がある。

　いわゆるブラック企業の問題もある。人件費の変動費化が行き過ぎ、非正規を含む社員を安い賃金で長時間働かせることで利益を確保しているような一部企業については、ビジネスモデル自体が反社会的であり、企業としての持続性が危ぶまれる。金融機関が加担しているという非難を浴びないよう、このような企業への与信行為は行うべきではない。

(3) 中小企業における内部統制体制

　会社法は、内部統制システムの構築について大企業（資本金5億円以上または負債総額200億円以上の会社）にはこれを義務化しているが、それ以外の会社については任意としている。また、金融商品取引法の規定は株式上場会社に適用されるので、大企業以外の株式非公開企業には、内部統制システムを構築する法的な義務はない。しかし、たとえば資本金5億円未満であっても相当な規模を有する中堅企業において内部統制システムが構築されていないとなれば、融資を行う金融機関としては心許ないことである。

　したがって、株式非公開の中堅・中小企業においても、大企業のような精緻なシステムはともかく、相応の内部統制体制を構築すべきであり、金融機関側からその旨の働き掛けを行うことが望ましい。ワンマン経営の多い中小企業の特質を生かしつつ、いわゆる番頭役的な牽制機能を働かせるようなシステムを工夫すべきであろう。

第3章

融資の種別

　一口に融資といっても、その態様はさまざまである。
　本章では、融資を期間、資金使途等に応じて、また、勘定科目ごとに分類し、解説する。また、従来の枠組みではとらえにくい新しい融資形態についても解説する。

第 1 節

長期資金と短期資金

　融資の種別方法はいくつか考えられるが、典型は融資期間の長短によるものである。

　融資はその返済までに要する期間により長期資金（長期貸出）と短期資金（短期貸出）とに分類できるが、融資期間が1年を超えるものが長期資金、1年以内のものが短期資金である。

1　長期資金

　長期資金はその使途により設備資金と長期運転資金とに区分されるが、いずれの場合も融資実行から返済まで長期間を要するので、融資審査にあたっては、融資先自体の先行きの見通しをよく検討しなければならない。また、長期資金の返済財源は、その資金を投下して得られる将来の利益（投資効果）であるから、事業計画や利益計画を総合的にチェックすることが必要である。

　長期資金融資（長期貸出）の融資期間や返済条件は、その資金が投下される事業等の計画内容により決まる。資金計画で投下資金の回収期間が5年とされていれば、その計画内容が妥当なものである限り、融資期間も5年になる。一部には、返済引当てとしての担保が確保されている限り融資期間にはこだわらなくともよいとする考え方もあるが、それは融資の原則に沿わない誤った態度というべきである。

　長期資金は短期資金に比べ信用リスクが高いので、リスク量に応じ担保や保証の差入れを求めて保全を図り、融資金利も高めに設定される。融資形態

は証書貸付が普通である。

　長期資金を実行したのちは、事後管理が大変重要になる。融資先の業績や財務内容の変化、対象となる事業計画等の進捗状況、担保や保証人の状況変化などに常に注意を払い、問題があれば直ちに適切な対策を打つことを考えなければならない。

2　短期資金

　融資期間が1年以内のものを短期資金融資（短期貸出）という。通常の使途は運転資金であり、短期運転資金と総称されるが、経常運転資金、増加運転資金、季節資金、賞与資金、決算資金などに細分される。以前は金融機関融資の大半を占めていたが、最近では収益性に優れた長期資金融資とその占める割合が逆転している。

　融資形態は、手形貸付、手形割引、証書貸付、当座貸越等さまざまであるが、いずれも返済は1年を区切りとし、金利は低めの短期金利が適用される。

　短期運転資金は、融資先企業の経常的営業活動（仕入れ、生産、販売など）を一定規模で維持継続するために必要な資金であり、1年以内に返済可能なものでなければならない。短期資金融資のなかには長期間にわたり書換継続が繰り返されている手形貸付（いわゆるコロガシ単名）もあるが、その場合は、正常に回転している営業性流動資産を返済引当てに、期日にはいったん返済が可能な状態にあることを確認しての取扱いであることが必要で、財務内容から判断して実質的に底溜り借入れとして長期化しているものは、区切りある取引や長期資金融資へのシフトを交渉するべきである（後記第2節2(2)参照）。問題のあるコロガシ単名は、自己査定において貸出条件緩和債権とされ、当該融資先の債務者区分が下がる可能性もある。

　また、短期運転資金として申し込まれる案件には、取引先の倒産などによ

り発生した焦付債権の補填資金や赤字の穴埋め資金、在庫減らしのための減産資金等、短期間の返済がおぼつかないものが含まれていることもあり、後述のように資金使途の実態をよく見極めることが必要である。

第2節

設備資金と運転資金

1 設備資金

　企業が日常の営業活動で必要とする事業資金は、その使途により設備資金と運転資金とに大別される。

　そのうち設備資金とは、企業が経営計画を推進するにあたり必要とする事業用設備に投下する資金であり、企業の発展のためには不可欠のものである半面、長期にわたって資金が固定化されることになり、企業の財務構成の弾力性を低下させる性格がある。

　設備投資には、その目的や内容により生産・販売の増強に直接結びつくものとそうでないものとがある。新規事業投資や生産力拡充投資、合理化投資、研究開発投資等は前者であり、公害防止施設への投資や福利厚生施設への投資、間接部門投資等は後者に属する。

　設備資金の融資判断のポイントは、金融機関にとっても資金が長期にわたり固定化するため、融資金の回収に至るまでのリスクが大きく、途中で撤退しようとしても容易ではないことであり、その半面、収益性に優れ、かつ、融資先との結びつきが強固なものとなって取引採算が拡大するメリットがあるので、その両方の兼合いをとることが重要である。

　設備投資計画は、さまざまな要因から所期の目論見どおりの成果を得ることがむずかしくなることも多く、融資金の回収面で難渋することがある。その事態を極力回避するには、計画内容の検討を多面的に実行することが必要である。

　第1に、設備稼働後の経済予測、経営環境の予測をマクロ的視点から行

う。個別企業ベースの検証にとどまらず、業界の動向、景気動向の考察を加え、大局的な見地から設備投資計画の妥当性を検討する。

　第2に、その設備が時代のニーズにどの程度応えられるかを判定する。日進月歩といわれるほど技術革新の激しい現在では、当該設備が稼動し始めるときにはすでに陳腐化しているような事態も考えられ、特に同業他社の動向には注意を払う必要がある。

　第3に、万一計画が挫折したときの企業の抵抗体力を検証する。計画の中止ないし縮小を機動的に実施する能力があるか、その際の資金調達余力は十分か、手戻りとなる投資ロスの負担能力はどの程度かを考察する。

　設備資金融資は、金融機関にとって回収までのリスクはあるが収益性は優れたものであり、信用リスクに見合う保全策や金利を適切に検討して、長期的に安定した収益源獲得のため積極的に取り組むべきものといえる。

2　運転資金

　運転資金とは、企業が事業を継続するために行う営業行為、すなわち、商品の仕入れや販売の際に生ずる資金の収支ズレや立替金、生産のための原材料・在庫など営業用流動資産の購入代金、あるいは人件費その他の営業経費や借入金利息支払等の経常支出に充当されるもので、企業の資金需要のうちで圧倒的な割合を占める。

　運転資金には、長期運転資金と短期運転資金がある。

(1)　長期運転資金

　長期運転資金とは、1年以上の期間にわたり投入資金の回収が行われるものを指し、新規設備の稼動に係る在庫資金、支払条件や回収条件の変更に伴う増加運転資金、販売用不動産の購入資金や宅地造成資金、プラント等の売上代金が長期延払回収となる事業の立替資金などが該当する。このほかに、

関連会社等への投融資資金や赤字補填資金、減産資金などの後向きの資金需要も含まれる。

　長期運転資金は、このように返済引当てや資金使途が一様ではないので、個々の融資案件内容や企業の将来性を十分検証するとともに、あわせて業界の動向、社会情勢、金融動向等の変化を念頭に置き、総合的に融資取上げの可否判断をすべきである。長期運転資金は回収が長期にわたるため、融資判断や与信管理上は設備資金に準じた扱いをする。

(2) 短期運転資金

　短期運転資金とは、返済までの所要期間が1年以内の運転資金をいい、その使途によっていくつかに細分される。

　代表的なものは経常運転資金であるが、これは、企業が一定の営業活動を続ける限り必要な資金であり、貸借対照表上の売上債権（通常は売掛金と受取手形）と在庫（棚卸資産）の合計額から仕入債務（通常は買掛金と支払手形）の額を差し引いたものがその所要額とされる。この資金は短期間で回収されるが、繰り返し需要が発生する性格上、企業はその必要資金枠を常時手持ちしておく必要があり、結果的に資金需要は恒常化する。したがって、経常運転資金は資本金など自己資本でまかなわれることが理想であるが、自己資本が不足するときは手形割引や短期借入金を利用することとなる。先に述べたコロガシ単名は、この資金の底溜り部分であることが多い。

　経常運転資金が何かの要因で増加するときに発生するのが、増加運転資金である。その要因としては、売上げの増加や生産高の増加、売上債権の回収サイトの長期化や仕入債務の支払サイトの短期化、在庫の増加、手持資金の増加があるが、前向き要因の場合と後向き要因の場合があり、審査に際して一律な対応は避けるべきである。売上増加によるものなど前向きの要因によるものであっても、運転資金の増加部分は本来的には将来の利益で返済されるべきものであり、したがって増加運転資金は本質的には長期運転資金に分

類されるのが相当である。

　このほか短期運転資金としては、季節的に仕入れが先行しそれを商品化するまでの間の立替金に対応するための季節資金、決算支出や賞与支払のための決算・賞与資金、将来の確定した入金までの間に必要な資金を借り入れるつなぎ資金、輸出前貸資金、輸入はね返り資金などの短期の貿易資金がある。

第3節 前向き資金と後向き資金

1 後向き資金とは

　融資の資金使途を内容により区別して、「前向き」「後向き」の区分をすることがある。

　業容の拡大、すなわち売上げの増加あるいは生産性の向上に結びつく資金需要や合理化目的等の設備投資は前向きのものであるが、そうでない場合、たとえば利益の減少や大口焦付債権の発生、生産過剰による在庫の圧縮など、企業業績の拡大に反するような要因による資金需要を「後向き」と称する。以下に具体的なものをいくつかあげる。

(1) 減産資金

　売上げが減少するときに発生することがある。たとえば、商品市況の悪化、市場の需要見通しを誤った結果の生産調整、ストライキ等による操業度の低下などが原因で、売上代金の回収量よりも仕入債務や経費支出が一時的に多くなることがある。この資金ギャップに充当されるものが減産資金である。

(2) 赤字資金

　売上げの減少や利益率の悪化により経常収支がマイナスになり損失発生が恒常化すると、企業の資金繰りは確実に逼迫し、赤字補填のための資金需要が発生する。この資金需要に充当されるものが赤字資金である。

(3) 債権固定化資金

大口倒産が発生し売掛債権の一部が焦げ付くと、その分だけ資金繰りの穴が開き、埋合せのための資金需要が発生する。この資金需要に充当されるものが債権固定化資金である。

(4) 在庫調整資金

在庫の一部に不良品が発生した、大量の返品を浴びた、デザインや仕様が陳腐化してそのままでは売り捌きが困難になったなどの理由で資金需要が発生することがある。この資金需要に充当されるものが在庫調整資金である。通常は渋滞在庫の処分資金として融資申込みがあるが、採算以下でのダンピング処分や売却不能による除却に発展すると、損失負担の穴埋め、つまり赤字資金へと転化する可能性がある。

2 救済融資への対応姿勢

これら後向き資金は、確実な返済財源の確保という融資原則に反するものが多いので、安易に対応することはできない。これらの融資案件は、当該融資先への救済という側面があり、したがって、応需するにはそれだけの大義名分が必要である。企業への救済融資は、それに応ずる金融機関にとって支援損失の負担が生ずる場合が多く、金融機関の収益を犠牲にすることにつながるので、なぜそのような負担に応ずることが必要なのかという疑問への解答がなければならないのである。

この大義名分の根底にあるものは、いまこの負担に応じなければ、将来もっと大きな負担が降りかかってくるおそれがあるということであり、あるいは、目先の損失負担または逸失利益の甘受により将来それを上回るリターンが期待できる見込みがあるということである。特に自行がメイン行である場合、状況によっては地域経済や雇用面への影響まで考慮しなければならな

い局面もあり、救済融資への支援決定には、単なる融資判断の域を超えて、経営上の判断が必要となることも多いのである。

第4節

融資業務の勘定科目

　金融機関の融資の勘定科目は、銀行法施行規則によれば次のように定められている。

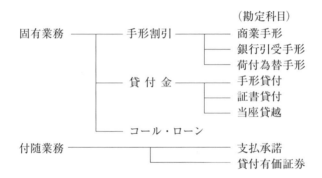

1　固有業務

　固有業務とは、銀行法が規定する銀行の本業務であり、「資金の貸付又は手形の割引」（同法10条1項2号）の範囲内に含まれ、資金の交付を伴うものをいう。具体的には、手形割引、貸付金、コール・ローンである。

(1) 手形割引

　手形割引とは、商取引によって生じた債権を決済するために振り出された約束手形等を、満期日前に、満期日までの割引料を差し引いた金額で、手形所持人から金融機関が買い取る融資形態のことである。手形割引の法律的性質は、銀行等が行う割引行為に関する限り、通説・判例とも手形の売買と解

されており、買い取られた手形を割引手形と称する。

ただし、商取引における手形利用は減少傾向にあり、融資業務に占める手形割引の割合も低下しつつある。

なお、手形割引の対象は商取引が原因で振り出された手形であり、それ以外の手形（金融手形等）は対象にならない。

手形割引は、割引の対象となる手形の種類に応じて、次のように分けられる。

a　商業手形

商取引によって生じた約束手形または為替手形（商業手形）を割り引くもので、手形割引の大部分を占める。

b　銀行引受手形

他の金融機関が引き受け、裏書または保証した手形（銀行引受手形）を割り引くものである。

c　荷付為替手形

運送中の商品が裏付となっている未引受の為替手形（荷為替手形）を割り引くものである。典型的なものは輸出手形の買取りであるが、その場合の勘定科目は「買入外国為替」となる。

上記のうち、銀行引受手形や輸出手形以外の荷付為替手形の取扱いは少ない。

（注記）　電子記録債権の割引

平成20年12月の電子記録債権法の施行により創設された電子記録債権は、手形取引の減少を補うための新しい事業資金調達手段としての活用を企図したものであり、特に平成25年2月の「でんさいネット」（全国銀行協会が設立した電子債権記録機関である「株式会社全銀電子債権ネットワーク」の略称）の発足以来、縮小する商業手形割引取引の代替手段として、電子記録債権の割引取引の利用が活発化している。

電子記録債権は、企業の有する売掛金債権等の資金化手段として開発された新しい債権類型で、企業の売掛金等を電子債権記録機関に登録したうえで、支払（決済）や譲渡の記録機能をもたせることで債権の流通

を図るように設計されている。その基本的仕組みは、債権者と債務者の双方が、記録機関に対して、債権の発生、譲渡、支払（消滅つまり決済）の情報を登録（電子記録）することで成り立っている。

　「発生記録」の請求があった債権は、記録機関の電磁的帳簿である「記録原簿」に、請求者の氏名・名称、住所、債務者が一定の金額を支払う旨、支払期日等が記録される。後日、債務者が支払をしたときは債務者単独で「支払記録」の請求を行い、記録原簿に支払が記録されることで当該債権は消滅する。ただし、金融機関を利用して債務者口座から債権者口座に送金や振込が行われる場合には、あらかじめ合意された「口座間送金決済契約」に基づき、金融機関からの決済通知があれば、記録機関は職権で遅滞なく支払記録を行う。

　電子記録債権が譲渡された場合は、譲渡人と譲受人の双方が記録機関に「譲渡記録」を請求し、記録原簿にそれが記録されることで譲渡が有効に成立する。

　電子記録債権の割引は、金融機関が割引依頼人からの譲渡記録によって債権を取得し、依頼人に代り金を支払うことで成立し、手形の場合と同様に債権を買い取ることになる。

　記録機関に対して電子記録債権の利用を申し込むにあたっては、決済口座のある窓口金融機関を通じて利用契約を結ぶことが必要である。また割引譲渡に応ずる金融機関自身も、記録機関と利用契約を結ばなければならない。

(2) 貸 付 金

　金融機関が取引先に対して資金を直接貸し付けるものであり、手形貸付、証書貸付、当座貸越が典型的な形態である。

a　手形貸付

　金融機関が資金を融資するにあたり、その返済を確保する手段として、融資先から金融機関を受取人とする約束手形（単名手形と呼ばれる）の振出を受けて、融資を実行する取引である。

　法律上の性質は金銭消費貸借であるが、融資する金融機関は手形上の債権をあわせもつことになる。主として短期資金の貸付に用いられる。

b　証書貸付

　融資先から、融資金額、返済期限、返済・利払方法および融資利率等の融

資条件を記載した「金銭消費貸借契約証書」の差入れを受けて行う融資取引である。設備資金融資、長期運転資金融資など長期資金の融資に多く用いられる。

c　当座貸越

　当座貸越とは、金融機関と当座勘定取引を行っている先が、当座預金の残高を超えて小切手または手形の振出をした場合でも、あらかじめ取り決めた一定の限度（貸越極度額）までは金融機関がその立替払いに応ずることで行われる融資をいうが、最近は総合口座融資やカードローンのように、当座預金を有しない取引先に対しても、その利用が拡大されている。

　当座貸越の法律的性質については、消費貸借の予約説や委任費用立替説などがあり定説はないが、立替払いをした金銭はいずれも金融機関の債権であって、取引先はそれを返済する義務を負い、当座勘定貸越約定書によって取引内容をはっきり定めるので、実務上の影響はあまりない。

　当座貸越は、融資先にとっては現実に利用した資金についてのみ利息を支払えばよいという利点があるが、金融機関にとっては事前の予測なしに融資が発生し、支払準備の負担が大きく資金使途の管理もむずかしいという不利な点がある。

(3)　コール・ローン

　コール・ローンとは、金融機関が支払準備や一時的な余裕資金を他の金融機関に対して融資するものであるが、法律的な性質は金銭の消費貸借である。

　コール・ローンという言い方は、資金の出し手側つまり債権者側からみた用語で、取り手側つまり債務者側からはコール・マネーという。

2 付随業務

　付随業務とは、銀行法10条2項によって金融機関が付随的に行うことができるもので、その時々の金融機関の社会的・経済的機能から常識的に認められる業務である。
　典型的なものとして支払承諾と貸付有価証券がある。いずれも、資金の交付を伴わない点に特色がある。

(1) 支払承諾

　支払承諾とは、銀行が取引先からの委託によって、取引先のために各種の保証をすることをいう。銀行の信用力を取引先のために利用させるもので、銀行はその対価として保証料を徴収する。信用金庫や信用組合では「債務保証」という。
　融資取引から派生する支払承諾の種類として、手形保証、他の金融機関からの借入保証、取引代金の支払保証、税金延納保証、入札保証（ビッド・ボンド）、契約履行保証（パフォーマンス・ボンド）、民事執行法上の保証などがある。
　銀行と取引先との間では、保証内容に応じて、保証委託契約またはこれに類似する債務負担委託契約が締結されるが、その法律的な性質は委任契約である。
　支払承諾は、銀行にとって、資金負担なしに信用を利用して利益を得ることができる旨味のある取引であるが、万一の場合には保証内容に応じた履行責任が生ずるので、与信リスク判断としては、通常融資と同様の慎重な対応が求められる。

(2) 貸付有価証券

　貸付有価証券とは、金融機関が保有する有価証券を、取引先に対し、各種

の保証金や供託金の代用として、あるいは担保として利用させるために貸し出すことをいう。

　有価証券の現物を貸し渡し、期限が来たらその現物を返還させる方法（法的性質は賃貸借）、有価証券の現物を貸し渡し、期限が来たら貸し渡した有価証券と同種・同量のものを返還させる方法（法的性質は消費貸借）、取引先のために金融機関が登録公社債に質権または担保権設定の登録をする方法（法的性質は委任契約）の3つがある。

第 5 節

新しいコンセプトの融資

　第1章でも述べたように、バブル期以後の融資業務を取り巻く環境の変化は、新しいコンセプトに基づく新形式の融資を次々と生み出し、そのいくつかは従来の規制金利体系に基づく融資を押しのけて、いまや融資業務の中心になりつつある。そのうちの重要なものを、ここで簡単に紹介する。

1　スプレッド融資

　スプレッド融資とは、金融機関が金融市場から融資に合わせて調達した資金を、その調達金利に一定の利鞘（これをスプレッドという）を上乗せして融資する方式のものをいう。

　従来の、規制金利のもとで調達した預金に利鞘を乗せて貸し出す方式の融資は、金利の自由化により預金金利が市場金利をベースに決定されるようになったことから見直しを余儀なくされ、スプレッドを確保して収益を安定させる方式の融資が工夫されたもので、融資先にとっても金利の決定過程が理解しやすいという長所があるため、その取上げウェートが高まってきている。外貨やユーロ円を調達して融資するインパクトローンはその典型であるが、国内の円市場を取引ベースにした融資も増加している。

　スプレッド融資の取上げに際しては、主に以下の点に留意する必要がある。

・コストに見合わない低スプレッド融資にならないよう、妥当なスプレッドの確保に留意すること
・融資案件の検討がスプレッド水準の妥当性判断に偏り、本来の融資案件

内容の検討がおろそかにならないよう注意を払うこと
・スプレッド融資に関する金融機関内部の報告・連絡等を的確に行うこと

2 デリバティブを利用した融資

デリバティブ（derivative）とは、通常、「金融派生取引」「金融派生商品」と訳出されているが、スワップ（swap）、オプション（option）、フューチャー（futures）などの、国際的金融手法を取り入れた金融商品（融資・預金等）を意味する。

(1) スワップ取引

ここでいうスワップとは、為替の直先スワップとは異なり、通貨・金利・債券等の債権・債務を交換することをいう。銀行が関与するスワップ取引で主なものは、通貨スワップや金利スワップである。

通貨スワップとは、異種通貨の債権・債務を交換するもので、たとえば、ユーロ・ドル債を発行した日本企業が、銀行の仲介によりそれを円建債務と交換し、実質的に円建債券を発行したのと同様の効果を得る取引が該当する。

金利スワップとは、固定金利と変動金利、短期金利と長期金利など異なる金利の受払いを交換するもので、金利リスクのヘッジ手段として頻繁に用いられる。

金融機関は原則として、スワップ取引の希望者を仲介し手数料を得る役割を果たすが、取引当事者の一方に事故が発生し義務履行ができなくなると、他方の当事者に発生した損害を填補する責任を負うことが多いので、仲介とはいっても信用リスク判断が必要である。

(2) オプション取引

オプションとは、ある金融商品の将来における売買契約の履行をするかしないかを選択できる権利のことで、この選択権の売買取引をオプション取引という。ある商品を将来のある時期に買う権利を「コール・オプション」といい、それに対して売る権利を「プット・オプション」という。

金融機関が扱うオプション取引は通貨オプション取引と金融先物オプション取引であるが、前者が圧倒的に多い。

(3) フューチャー取引

フューチャー取引（先物取引）は、元来、商品取引から発生したものであるが、金融機関が扱うものは金利・通貨等の金融商品で「金融先物取引」といわれており、将来の特定の日に特定の金融商品を先物取引所で売買する取引を指す。

為替予約などの先渡取引（forwards）は取引所外の相対取引で行われ、また、受渡期日に必ず現物の受渡しを義務づけられている点で、差金決済制度（期日までに反対取引を行い、売買差額を決済すればよい）が認められている先物取引とは区別される。

銀行の多くは先物取引所の清算会員となっており、非会員の一般企業は、銀行に取次を依頼することによって先物取引に参加できる。

(4) デリバティブを利用した融資

デリバティブを利用した融資としては、オプション付インパクトローン、金利スワップ付融資等があるが、その売込みに際しては、まず銀行員が商品内容を熟知しておくことはもちろん、取引先がその商品につき十分理解できる能力を有し、かつ商品に内在するリスク負担能力があることの確認が重要である。

3　ノンリコース型プロジェクト融資

　ノンリコースローンとは、債務履行の責任財産の範囲が限定されており、債務者の一般財産への履行請求権がない形態の融資であって、貸し手は責任財産を処分しても回収ができない融資元本が残った場合に、債務者に対してそれ以上の返済を求めることができないものである。アメリカでは、これが一般的な融資形態であるが、わが国ではこれまでなじみの薄いものであった。

　またプロジェクトファイナンス（project finance）とは、特定の事業に対するファイナンスであって、その利払いおよび返済の財源を原則として当該事業から生み出されるキャッシュフローに限定し、ファイナンスの担保を当該事業資産に依存して行う融資手法（金融庁「金融検査マニュアル」による定義）であって、通常、ノンリコースローンと組み合わせて用いられる。

　わが国でも最近はノンリコース型のプロジェクト融資が増加しつつあるが、その取上げにあたっては、融資金の返済財源として特定される対象事業の内容、成算見込みなどキャッシュフローの稼得見通しを十分検証し、万一不首尾に終わった場合の事業の清算価値（担保価値）なども検討する必要がある。

4　シンジケートローン

　シンジケートローンとは、企業の資金ニーズに対して、複数の金融機関がグループ（シンジケート団）を組成し同一の条件で融資を行うものであり、融資契約書は、借入人と参加金融機関団との間で取り交わされる1通のみである。

　通常は融資案件ごとに、借入人が指名する金融機関がアレンジャー（主幹事）になってシンジケートに参加する金融機関団を組成し、また借入人との

唯一の交渉窓口となって同一の融資条件での融資をまとめあげる。融資の実行、返済・利払事務の管理はエージェント（事務代理人）が一括して担当するが、エージェントとアレンジャーとは兼務されることが一般的である。

　借入人にとっては、融資案件の交渉窓口が１つになることで大幅な省力化につながり、かつ、短期間で大型の資金調達がまとまるメリットがある。一方、融資に応ずる金融機関側にとっても、個別では取引チャンスの少ない優良新規企業との大口で安定した融資取引が獲得できるメリットがあるので、この融資形態の増加は著しいものがある。

　ただし、借入人への与信判断はあくまでも参加金融機関が個々に行うべきものとされ、アレンジャーやエージェントはいっさいその責任を負わない。最近は借入人の信用格付が比較的低いケースも出現しており、デフォルトとなって不測の回収ロスを被ることがあるので、与信判断は慎重に行う必要がある。

5　コミットメントライン

　コミットメントライン（融資確約枠）とは、金融機関があらかじめ取引先企業との間で融資実行の極度額を約束しておき、企業はその約束期間内であれば、極度の範囲内で随時必要な資金の借入れ・返済を繰り返すことができる融資形態のことである。通常、その約束期間（コミットメント期間）は１年であるが、それを超える期間設定も可能であり、金融機関はコミットメントの対価として、所定の手数料（コミットメント・フィー）を受け取る。

　この手数料は、融資枠の利用実績にかかわりなく受け取ることができ、その点で当座貸越契約に比べて金融機関側のメリットは大きい。当該手数料については、実質的に利息の一部であり、利用実績が少ない場合には法外な利率の利息負担となって、利息制限法違反になるとの批判があったが、特定融資枠契約に関する法律（平成11年制定）により利息制限法の適用除外となっ

た。ただし、その対象企業は大会社や資本金3億円以上の株式会社、あるいは特定目的会社等に限定され、一般の中小企業は対象外とされており、手数料が利息制限法に抵触する可能性が大きい点に注意が必要である。

これを利用する企業側にとっては、資金が必要となるつど借入手続を行う手間が省け、かつ資金繰りが安定するメリットがあるので、その利用は拡大傾向にあり、シンジケートローンとの併用やコミットメント期間付タームローン（長期貸付）といった利用形態も工夫されている。

コミットメントライン契約においても、一般的に借入人の信用悪化は期限の利益喪失事由となり、かつ契約の終了事由となって、金融機関側は融資枠を解消させることができる。もっとも、このような事態になれば現実に融資実行されている額については多額の損失負担を余儀なくされるので、与信判断は慎重に行う必要がある。資金使途に制限をつけない融資だけに、財務内容が優良で資金管理が行き届いている企業を選んで取り上げるべきであろう。

6　コベナンツ（財務制限条項）付きの融資

コベナンツとは、特定の財務指標を一定の数値以上に維持することをあらかじめ約定し、当該規定に違反した場合には、期限の利益を喪失させたり、融資条件の見直しを行ったりすることができる特約条項のことであり、財務制限条項ともいわれる。

コベナンツ（covenant）とは、本来、契約の根本をなす約束事を意味し、契約社会である英米の融資契約においては covenant clause が設けられ、契約当事者が互いに契約義務の履行を誓約する形式がとられている。わが国においては、担保に頼らない融資を推進するツールとしてコベナンツ付き融資を活用する動きが活発化してきたもので、融資実行後のモニタリングを徹底させ、不良債権の発生防止・抑制に備えて、シンジケートローンやコミットメントライン等の取上げに際して用いられる例が増加している。

今後は中小企業金融の分野にも積極的に活用を図るべきであるとする意見が多いが、そのためには借り手にとっての動機付け（メリット）を工夫する必要があろう。たとえば、コベナンツ違反を直ちに期限の利益喪失に結びつけるのではなく、状況によっては違反事由解消のための方策や融資条件を見直すことを協議するなど、弾力的な対応が求められる。

7 動産・売掛金担保融資（ABL）

　動産・売掛金担保融資（ABL：asset based lending）とは、企業が保有する在庫や売掛金などを担保として行われる融資方法である。金融庁が、特に担保物件不足に悩む中小企業等の資金調達を支援するために、商品在庫や機械設備等の動産や売掛金債権といった営業用資産を融資の担保として活用することを促して以来、あらためて注目されている（金融庁：平成25年2月5日付け「ABLの積極的活用について」参照）。

　動産や売掛金を担保とする融資は、金融機関としては担保としての確実性・安定性に不安があり、不動産等の適当な担保物件がない場合の最後の保全手段として消極的な取組みに終わっていたところであるが、金融庁が金融検査マニュアルで、動産担保や売掛金担保が一般担保として扱われるための要件を明確化したことで、その利用が活発化している。

　これまで動産や売掛金の担保が普及しない大きな原因であった第三者対抗要件の具備方法の欠点については、「動産・債権譲渡特例法」（動産及び債権の譲渡の対抗要件に関する民法の特例等に関する法律：平成10年法律104号）に基づく「動産譲渡登記」や「債権譲渡登記」の手法が創設されたため、それが相当程度克服されている（第6章第3節2(5)(6)も参照）。

　金融機関としては、金銭債権として担保価値の把握や換価処分方法が比較的容易である売掛金担保のほうが利用しやすく、電子記録債権の割引とともに増加するものとみられる。

第4章

資金使途の把握

　融資案件の審査は、資金使途の把握から始まる。顧客に資金調達ニーズがあるから融資するというのではなく、そのニーズが発生した理由を理解できていなければならない。

　本章では、資金使途を分類し、その性質や返済に充てられる財源の内容について解説する。

第1節
資金使途把握の重要性

1 資金使途とは

　融資する資金の利用目的を資金使途という。要資事情ともいい、それは資金需要に密接に結びついている。

　資金需要とは、企業の諸活動のために資金を必要とする需要のことで、融資の申込みには資金需要の存在が前提となっており、資金需要の実態を把握することは、融資判断上の最も重要なファクターである。資金需要の実態が不明確ならば、その融資申込みの真の利用目的、返済財源、返済期間、返済方法も不明確となり、的確な融資判断を下すことは不可能である。例をあげると、直接の資金利用目的は月末の支払手形決済のための資金であっても、その支払手形がどのような事情で発生し、なぜその決済資金が不足するかという理由を把握しなければ、当該融資申込みの適切な可否判断はできないということである。

　表面上の資金使途が経常運転資金として申し込まれた融資であっても、実態の使途が赤字資金等の後向き資金であることも多く、資金繰表や資金運用表等を駆使して真の資金使途を把握し、資金需要の実態を明らかにすることは融資判断の第1歩であり、かつすべてであるといってもよい。

2 資金使途の確認

(1) 資金使途の確認とは

　融資金の資金使途の因（もと）となっている資金需要の実態を検証するこ

とを、資金使途の確認という。

　前記のように、融資申込みに際して顧客から説明された資金使途の内容をそのまま受け入れてしまうことは、融資判断の姿勢としてはなはだ安易である。資金使途の把握にあたって特に重要なことは、当該資金の形式的な使途（利用目的）や申込みの背景（資金需要）の認識把握にとどまらず、それを通じて、当該企業の動き、業界における地位の変化、経営戦略あるいは経営上の問題点を察知することである。漫然と表面上のチェックをするだけでは、融資判断の役には立たない。

　したがって、融資の申込みがあったときは、資金需要の実態に照らして、取引先にとってその借入れが合理的で妥当なものか、他の目的に流用されるおそれはないか、借入金額、期間、条件等に整合性はあるかという点を、綿密に検証することが大切である。

(2) 資金繰表による検証

　資金需要の発生原因を分析する際に欠かせないものは、顧客の資金繰り状況の把握である。それにはまず、第2章で述べたように資金繰表を活用して、資金需要の発生原因を検証する（第2章第4節5参照）。

　おおまかにいって、経常収支尻で資金不足になっている場合には、償却前税引前利益が確保されているならば、その資金不足の要因は一応増加運転資金と考えられる。逆に、償却前税引前損益段階が赤字であれば、資金不足の原因は赤字の発生による資金ショートの可能性が大きい。

　資金不足がその他収支尻で発生しているときは、決算資金、設備資金、借換資金など申し込まれた融資案件の資金使途と、資金繰表に表れた資金需要発生原因との整合性をチェックする。たとえば、決算資金や設備資金借入れが運転資金に流用されたのちに、その他収支尻が不足したのであれば、実際には運転資金が不足状態にあり、資金需要の真の原因をさらに追及することが必要である。

(3) 資金運用表による検証

資金運用表（第2章第4節5参照）を作成して、資金の運用面と調達面とのバランス状態をチェックすることにより、資金需要の実態を検証する。

資金運用表による資金需要の要因分析のポイントは以下のとおり。

- 短期資金、長期資金は、それぞれどの程度の資金過不足状態となっているか。その要因は何か。
- 長期資金不足額は長期性の調達手段で調達されているか。
- 割引手形や借入金による調達資金は、運用面のどの部分に充当されているか。
- 現金・預金や短期有価証券の増減要因は何か。

以上によって、資金の不足要因が長期・短期の別に把握され、資金の運用と調達の長短のバランスがとれているかが検証できる。長期性の資金需要（運用）を短期資金でまかなっているようなケースでは、遠からず資金繰りの悪化が懸念される。

(4) 経常収支比率による検証

経常収支比率とは経常収入の経常支出に対する割合であり、それが100％以上でなければ資金繰りは逼迫状態にあると推定される（第2章第4節5参照）。

この比率による分析では、経常的な収入と支出との状況を現金ベースでとらえることができ、営業面におけるキャッシュフローの実態が把握できる。

なお、キャッシュフローの実態をより詳細に分析するには、第2章で述べたようなキャッシュフロー計算書を用いることがベターである。

3 資金使途の事後フォロー

資金使途の確認は、融資の実行後においても適宜実施する必要がある。融

資取上げ時点で資金使途を綿密に確認しても、融資金が当初の目的外に流用されてしまうと、返済財源が不確実になり、融資の安全性は大きく損なわれるからである。

　前記の、資金繰表、資金運用表、キャッシュフロー計算書等による検証は、過去の資金需要の発生状況を検証するだけでなく、今後の資金収支見通しを把握するためにこそ活用すべきものであり、資金使途の事後フォロー手段としても有益である。

第2節

資金使途の種類

　第3章でも述べたように、企業が日常の営業活動に必要とする事業資金は、その使途により設備資金と運転資金とに大別できる。ここでは、それぞれについて詳しく述べることにする。

1 設備資金

(1) 設備資金の種別

　設備資金とは、工場、機械設備、社屋、事務所、店舗、あるいはゴルフ場、ホテルといった事業用設備や、従業員寮、福利厚生施設等の建設、またはそのための土地の購入といった、企業の各種設備に投下される資金のことである。

　設備資金の種類は多種多様であるが、目的および期待される効果によって、売上増加により収益の増加を図るための「増設投資」、売上増加よりも経費の削減に主眼を置き収益の増加を図る「更新・合理化投資」、収益の増加に直接は結びつかない「企業維持投資」、売上げの増加と経費の削減を同時に期待する「増設」と「更新・合理化」の「複合的投資」の4つに分類できる。以下に、その特徴、融資実行時に留意すべき点などを述べる。

a　増設投資

　売上高の増加によって収益の増加を図る増設投資の代表的なものとして、新工場の建設や機械の増設、店舗・営業所の新増設のための投資があげられるが、増設投資は、既存製品の増産により売上増加を図るものと、新製品の市場投入により売上増加を図るものとに分類できる。

既存製品の増産や販路の拡大によって売上増加を図る設備投資は、製品がすでに市場に受け入れられているので、投資リスクは比較的少ない。ただし、需要の見込み違いにより大量在庫が発生したり、量産体制に見合うだけの販路開拓が伴わなかったりといった営業体制の不備によって、かえって収益力を弱める結果に陥るといった場合もある。また、業界全体が好調な場合には、同業他社もこぞって増設投資を行うケースも考えられる。したがって、このようなケースの融資申込みに際しては、必ず増設完了後の需給見通しや同業他社の増設計画の動静を十分検討する必要がある。

　新製品の市場投入や新規部門への進出は、当該企業にとっては未知の分野であり、当然投資リスクは高く、判断を誤ると設備投資がかえって首を絞める結果になることもある。また、販売見通しの見極めも困難である。したがって、当該設備投資計画がしっかりしたマーケットリサーチのもとで立案されたものかどうかを十分に検証し判断しなければならない。なお、新規起業のための設備投資もこのケースに分類される。

b　更新・合理化投資

　経費の削減効果によって収益の増加を図る更新・合理化投資には、それまで人手に依存していた工程を機械化するための投資や各種合理化・省力化投資、老朽化または陳腐化した設備の更新投資などがある。

　この投資の目的は人件費等の経費の削減にあり、本来は売上増加のために行われるものではないが、生産ラインの高能率化やライン間のバランス悪化によって、製品や仕掛品の作り過ぎによる大量在庫の発生や能率の低下を招くおそれもある。

c　企業維持投資

　収益の増加に直接は結びつかない企業維持のための投資としては、本社屋の建設、工場の移転、公害防止のための投資、試験研究投資、新製品開発投資、福利厚生施設建設などがある。直ちに収益増加にはつながるものではないので、この借入申込みに際しては、設備投資の必要性、緊急度、将来的な

効果、既存収益とのバランスといった観点から、検討を加えることが必要である。

 d 増設投資と更新・合理化投資の複合的投資

 売上増加と経費削減とを同時に期待する投資としては、たとえば物流システム整備のための投資があげられる。当然のことながら、注意事項はa、bで述べた両方である。

(2) 設備投資計画の検証

 設備投資の融資案件の可否を判断するには、当該設備投資計画の妥当性を検証しなければならない。その検討に際しては、まず計画の目的を把握し、計画の内容について、事業（製品）、立地条件、設備内容、生産技術、運営能力、建設工事遂行能力、販売力や販売網、投資効果などを調査して、その妥当性を総合的に検証する。以下にその留意点を述べる。

 a 計画の目的

 当該計画の立案に至った経緯、目的、現時点で投資を実施する理由について調査する。採算上は問題があるが企業存続のために実施せざるをえない投資もあり、計画の目的や趣旨は十分検討すべきである。

 b 事業・製品

 計画対象の事業や製品が新規のものであれば、その性質、需要、市場などを検討する。既存の事業や製品であれば、競合事業や製品と比較して特色や優位性等を調査する。

 c 立地条件

 設備の建設場所の選定理由を明らかにして、その妥当性を検討する。法的な規制や税法上の恩典等の有無、公害規制などについては特に留意する。商業においては、商圏移動など立地条件が変化することも多く、特に念入りな調査が必要である。

d　設備内容

　計画設備の規模、内容、質的水準が適当かどうかを調査する。新規設備投資については、国内外の同業他社の既存設備または設備計画に比べて優位性が認められるか、早急に陳腐化するおそれはないかなどの点を確かめる。設備増設の場合は、既存の設備の能力その他を考え合わせて、その適否を判断する。

e　生産技術や運営能力

　採用技術の特色等を明らかにして、その適否を検討する。新規採用技術については、企業の技術水準で使いこなせるか、その後の新技術の出現で早期に陳腐化することはないかなどの点についても検討する。

　新規設備の運営体制についても、責任者はそれにふさわしい人物か、技術者や工員の質や量は十分かなどを調査する。

f　販売計画、販売網

　製商品の販売経路、販売先、数量、価格、販売条件はどのように計画されているか、予想市場シェアはどの程度を見積もっているか等を調査する。新たな販売網の設定を計画している場合には、その見通しも検証する。

　当然ながら、製商品の性格、すなわち量は追わない高付加価値品か、固定費カバーが目的の量的製商品かを明らかにし、製商品のライフサイクルを判定することも重要である。

　以上に加えて、販売可能数量、原材料事情、下請先の能力などを勘案し、設備の稼動率を予想する。

g　建設工事遂行能力

　工事が計画どおり完成するかを調査し、設備の正常運転開始時を予測する。工事完成に向けた社内体制、資材等の調達・納入見込み等が、その検討ポイントである。

h　投資効果

　その設備投資の効果・得失を、収益性、投下資本の回収時期や投下資本に

対する利益率など、いわゆる設備投資の経済計算を行って検討する。ただし、採算面からは妥当性を判断できない投資も多いため、さらに進んで、企業にとっての当該投資の戦略的意義などを検証することも必要である。

(3) 設備投資の所要資金、調達方法の検証

その設備投資に要する資金の総額、所要時期、調達計画など、資金面の計画の妥当性を検証する。杜撰な資金計画でスタートすることは、設備投資の遂行を危うくするおそれが大きく、ひいては企業経営の根幹を揺るがすことにもつながる問題なので、取引金融機関としてはしっかりと検証する必要がある。

a 所要資金量

設備投資額の見積もりは往々にして大きくなりやすいので、建設費の内訳、価格見積もりの根拠等を調査し、圧縮の余地がないかを検討する。これとは逆に、建設期間中の支払利息や経費を見込んでいるかどうかも検証する。

忘れてならないのは、設備投資に伴って発生する長期運転資金の検証である。新規事業にかかる操業資金、生産販売量の増加や販売・仕入事情の変化による増加運転資金等がそれであるが、この資金は性格上、長期的に運用できる自己資金あるいは長期借入金でまかなわれるべきもので、借入金で調達した場合の返済財源は事業収益や増資等である。

b 所要時期

資金の所要時期が、計画の進行予定や発注先との代金支払契約から考えて妥当かどうかを検討する。

c 調達計画

所要資金の調達手段には借入れ、増資、起債等があるが、それぞれの調達可能性を確かめることが必要である。自己資金と外部借入依存分との割合については、企業の資本構成、金利負担能力などを勘案して、その適否を判断

する。

(4) 設備投資効果の測定手法

設備投資計画の妥当性を判断するうえで、投資効果の測定ができればきわめて有益である。その代表的実務手法として、投資利益率法と資金回収期間法を紹介しよう。

a 投資利益率法

投資利益率法とは、投資によって得られる利益の投資額に対する比率、すなわち投資利益率（投資利回り）を求めて、それにより投資効果を測るものである。

投資額を I、投資によって得られる収益の増加額を a とすると、投資利益率 P は以下のよう求められる。

$$P = a \div I \quad (\%)$$

ここで計算上用いる「収益の増加額」は「利払前税引前償却後の収益」の増加額である。

このようにして求めた投資利回りが、たとえば国債利回りよりも低いのなら、設備投資をするより国債を購入したほうが得策ということになり、借入金利よりも低いのであれば、その投資によって得られる収益では借入金利もまかなえないということになる。実際には、使用総資本事業利益率（第2章第1節2(4)参照）の直前期実績等と比較して、その優劣を判断する。

b 資金回収期間法

資金回収期間法とは、設備投資に投下された資本が、その設備投資によって得られる収益の増加分により何年で回収可能かという、投資効果を資金の回収期間でとらえようとする方法である。この場合の資金回収期間 R は、以下のように求められる。

$$R = I \div a \quad (年)$$

この計算上用いる「収益の増加額」は、投資利益率の場合と異なり、「利

払後税引後償却前の収益」の増加額、すなわち「減価償却費＋内部留保金」の増加額である。

　資金回収期間法における比較材料は、法定耐用年数、借入期間等である。資金回収期間が法定耐用年数や借入期間を上回るということは、投資設備が陳腐化して使用不可能となってもなお、借入金が残るということである。

　また、資金回収期間法は、目標期間内に資金を回収するにはどれほどの利益をあげる必要があるかを検討する場合に有効な手法である。すなわち、目標資金回収期間をrとすると、年間必要利益額Xは以下のように求められる。

$$X \geq (I \div r)$$

2　運転資金

　運転資金とは、企業の営業活動維持に必要な資金のうち設備資金以外のものの総称であるが、資金需要の要因別に、おおむね以下のように分類される。

(1)　経常運転資金

　企業が仕入れ・生産・販売といった営業活動を行う場合、資金は営業取引に伴って以下のような循環を繰り返す。

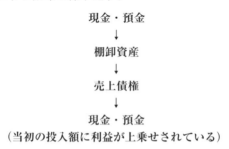

現金・預金
↓
棚卸資産
↓
売上債権
↓
現金・預金
（当初の投入額に利益が上乗せされている）

　上記を「営業循環資金」というが、そのうち反復継続して調達する必要がある資金需要を「経常運転資金」という。

また、貸借対照表における流動資産は１年以内に回収（資金化）が可能な債権、言い換えれば相手方から支払を繰り延べられた債権であり、流動負債は１年以内に支払わなければならない債務、すなわち支払を繰り延べた資金である。したがって、通常「流動資産－流動負債」の分だけ資金不足が生ずる結果になり、これを「正味運転資金」と称する。しかし、流動資産や流動負債のなかには、貸付金や仮受金のように営業活動からは発生しない勘定科目も含まれており、本来の営業循環過程から生ずる「売上債権＋棚卸資産－買入債務」のことを、一般的に経常運転資金（正味営業運転資金）と称している。

　経常運転資金は、その性格上は長期運転資金として調達されるべきものであるが、実際には１年以内に返済されたのちも繰り返し調達される短期運転資金として扱われている。

　経常運転資金の実際の所要額は、売上債権の回収サイト、棚卸資産（在庫）の回転サイト、買入債務の支払サイトの差（収支ズレ）に対して、月商を尺度として算定されるが、具体的には次の２つの方法がある。

a　取引条件による方法

　融資先から売上債権の回収条件と買入債務の支払条件および平均在庫期間を聴取し、平均月商を用い貸借対照表上の各勘定の在高を計算して、運転資金の所要額を算定する方法である。

　具体的には、次の事例のようになる。

```
ケース１
〈取引条件〉
・平均月商　　100百万円
・回収条件　　平均売掛期間１カ月、現金回収30％、手形回収70％、
　　　　　　　手形サイト４カ月
・支払条件　　買掛期間１カ月、手形支払100％、手形サイト４カ月
・在庫期間　　平均月商の１カ月分
・仕入原価率　売値の60％
```

〈所要運転資金の計算〉（単位：百万円）
・売掛金残高　　　月商100×売掛期間1カ月＝100　　　　………（A）
・受取手形残高　　月商100×手形回収率70％×手形サイト4カ月＝280
　　　　　　　　　　　　　　　　　　　　　　　　　　　………（B）
・在庫残高　　　　月商100×1カ月＝100　　　　　　　………（C）
・買掛金残高　　　月商100×仕入原価率60％×買掛期間1カ月＝60
　　　　　　　　　　　　　　　　　　　　　　　　　　　………（D）
・支払手形残高　　月商100×仕入原価率60％×手形支払率100％
　　　　　　　　　　　　　　×手形サイト4カ月＝240………（E）
∴運転資金の所要額　（A＋B）＋C－（D＋E）＝180

b　回転期間による方法

財務諸表を分析して得た各勘定科目の回転期間をもとに、平均月商との関係から運転資金所要額を算定するものである。

回転期間は、各勘定科目残高を平均月商で割算して求める。

ケース2
〈各勘定科目残高〉
平均月商100百万円、売掛金残高200百万円、受取手形残高330百万円、在庫残高180百万円、買掛金残高210百万円、支払手形残高300百万円

〈運転資金所要額〉（単位：百万円）
・売掛金回転期間　　残高200÷月商100＝2カ月……………………（A）
・受取手形回転期間　残高330÷月商100＝3.3カ月………………（B）
・在庫回転期間　　　残高180÷月商100＝1.8カ月………………（C）
・買掛金回転期間　　残高210÷月商100＝2.1カ月………………（D）
・支払手形回転期間　残高300÷月商100＝3カ月…………………（E）
∴所要運転資金＝平均月商×｛A＋B＋C－（D＋E）｝
　　　　　　　＝100×（7.1－5.1）＝100×2＝200

以上いずれの場合にもいえることであるが、経常運転資金の所要額を算定（予想）するには、現在の回転期間や取引条件が業界実績や企業の過去の決算内容と比較して適正かどうかを検証することが必要である。また、各勘定

科目残高に営業循環資金として不適正なもの(不渡手形、焦付債権、長期受取手形、設備支払手形等)が含まれている場合は、それらを除外して算定する。

(2) 増加運転資金

経常運転資金の算定基礎である諸要素が変化した場合には運転資金所要額が増減する。これが増加する場合が増加運転資金であり、資金の性格は経常運転資金と同様である。

増加運転資金の発生要因には次の3つがある。

・平均月商が増加した場合
・取引条件が変化した場合
・上記2つの複合要因

以下は、平均月商の増加および取引条件の変化がともに発生した場合の、増加運転資金の算定事例である。

ケース3
〈月商と取引条件の変化〉(単位:百万円)
・平均月商の増加　200→220(20百万円の増加)
・売上債権の回転期間の変化　5.3カ月→6カ月(0.7カ月の長期化)
・在庫の回転期間の変化　1.8カ月→2カ月(0.2カ月分の増加)
・買入債務の回転期間の変化　5.1カ月→5.5カ月(0.4カ月の長期化)
∴資金の立替期間の差(収支ズレ)
　　　　　　　　→0.5カ月長期化(0.7カ月+0.2カ月−0.4カ月)

〈増加運転資金〉(単位:百万円)
・従来の運転資金所要額　月商200×(5.3カ月+1.8カ月−5.1カ月)
　　　　　　　　　　　　　　　　　　　=200×2カ月=400
・今後の運転資金所要額　月商220×(6カ月+2カ月−5.5カ月)
　　　　　　　　　　　　　　　　　　　=220×2.5カ月=550
∴増加運転資金額　550−400=150
　このうち売上増加要因による増加分
　　　月商増加額20×従来の収支ズレ2カ月=40
　取引条件が長期化したことによる増加分

> 従来の月商200×収支ズレの長期化0.5カ月＝100
> 増加運転資金150百万円のうち残り10百万円は、両者の複合要因によるものである。

(3) 決算資金、賞与資金

　決算資金および賞与資金は同列に扱われることが多いが、資金需要の発生面からみると異質のものである。

　決算資金とは、前期決算の結果支払われる税金や配当金に充当される資金である。これらは本来、前期税引前利益から支払われるものであり、そのための借入れは不要のはずであるが、企業は利益をなんらかのかたちで運用していることが一般的であり、それらが資金化されるまでの間の資金需要が発生する。したがって、所要額は支払が予定されている税金、配当金の範囲内の額であり、借入期間は最長でも次回借入時までで、当期に資金化される前期利益金により分割返済される。

　賞与資金は、通常年2回の従業員への賞与支払に充当されるものであり、所要額は支払予定の賞与総額の範囲内である。前期決算利益の裏付があり返済財源が一応確保されている決算資金と違い、賞与資金は、たとえ企業が赤字であってもある程度の金額を支給せざるをえない実状にあり、融資判断に際しては、その支給予定額が企業の体力比妥当な水準かどうかを検討する必要がある。借入期間は当然次回借入時までであり、それを超える期間を要する場合は、支給額の適正さに疑問がある。賞与は当期発生するコスト部分であるから、当期利益から分割して返済される。

(4) つなぎ資金

　つなぎ資金とは、増資、社債発行、資産処分代金、工事代金あるいは別途の借入金など、特定の確定した回収予定資金があるが、その入金が資金必要時までに間に合わない場合に発生する資金需要であり、商品の集荷資金、輸

出前貸資金、輸入はね返り資金等もその一種である。

借入限度額は対象となるつなぎ財源の範囲内であり、期間はつなぎ財源の回収実現時までになる。つなぎの需要は短期のものに限り、回収実現までに長期間を要するものは、本来の資金需要発生要因に合わせた融資とすべきである。

(5) 季節資金

季節資金とは、シーズン物の商品や製品の仕入れや生産材料手配のための資金需要であり、当該製商品の売上実現、代金回収により返済される。運転資金のうちで返済財源が資金使途と最も明確に結びつくものである。

1シーズンで回収される典型的な短期資金であるが、販売予測を誤ると想定外の返品や持越在庫が発生し、返済財源が不足して回収が滞ることがある。したがって、対象の製商品の販売計画や扱い数量の妥当性を十分検討し、販売先の信用度や製商品の市場動向等を考慮して、体力に見合った合理的な計画かどうかを判断する必要がある。

(6) 在庫資金、滞貨資金

在庫資金には、前向きのものと後向きのものとがある。

原材料の値上りが予想されるときに前倒しで購入手配をするなど、政策的に在庫を積増しするものは前向きの資金需要であり、これを備蓄資金ということもある。

これに対して、在庫のなかに不良品が発生したり大量の返品が生じたりして渋滞在庫を抱え込んだことによる後向きの資金需要のものもあり、このような在庫資金は、滞貨資金、在庫調整資金ともいわれる。

いずれの場合も、その資金需要の発生原因を吟味し、返済財源である在庫の内容を検証して、融資取上げの適否を判断し、回収までに要する妥当な期間を検討する。後向き需要の場合は、在庫処分が計画どおり進まないことも

多く、デッドストックの発生やダンピングによる赤字資金化も予想される。
　適正な借入額は、当該在庫増加に伴い増加する運転資金部分であるが、売上増加要因に基づく在庫増加の場合は増加運転資金で対応する。

(7) 投融資資金

　関係会社や子会社等への出資や融資、投資用不動産の購入など、本来の営業活動とは別に行われる投融資のための資金需要が投融資資金である。資金の性格上、長期化・固定化することが多く、取上げに際しては、その投融資をする必要性と合理性、業績・業容に比較しての妥当性、保全状況などを、十分検討する必要がある。
　この種の資金は、本来は自己資金でまかなわれるべきものであり、借入れによる場合は収益による返済（金利支払負担も含む）が十分可能であることを確認すべきである。
　なお、資金需要の対象が不動産や有価証券（株式）である場合には、それを担保として取得しておき、対象物の売却処分が行われるときは必ず融資の返済が行われるよう手配しておくことが大切である。

(8) 資本構成改善資金

　長期資金を短期借入れでまかなっているようなケースで、そのアンバランスを改善し長期資金借入れに切り換えるための資金需要が、資本構成改善資金である。
　これに応需する場合は、その資金が本来はどのような資金需要に基づいて調達されたか、不良化している資産見合いのものではないかを確認することが大切である。必要額の算定に際しては、数期間の資金運用表を作成して、長期の運用と調達のアンバランス額を確認し、その長期資金へのシフトによってどの程度資本構成や財務基盤が改善されるかを検討する。
　改善度の判定には、固定長期適合比率を用いて、長期シフト前・後の比較

を行う。

なお、固定長期適合率は以下のとおり求められる。

　　固定長期適合率＝固定資産÷（固定負債＋自己資本）

返済財源は、当然、企業の今後の利益に頼ることになり、長期借換えに伴う金利負担増加の影響も検討しなければならない。場合によっては後向き資金になることもあるので、担保はしっかり取得すべきである。

(9) 肩代り資金、借換資金

他の金融機関等の融資の肩代り資金や借換資金は、いずれも新たな資金需要に基づくものではなく、したがって当初の融資の資金使途の確認が大切である。融資条件等は、肩代り前の資金使途に合わせたものとすることが原則であるが、保全条件は新たに詰める必要がある。

借換資金の場合は、資金繰表や資金運用表を用いて返済余力が不足している原因を解明し、それと一致した取上げ方を検討する。

(10) 減産資金、赤字資金、債権固定化資金、救済資金

これらはいずれも後向きの資金需要であり、取上げにあたっては慎重な検討が必要である。説明は第3章第3節1・2を参照されたい。

第 3 節

返済財源の検証

1 返済財源とは

　融資金の返済の確実性を判定するには、返済財源の確実性を検証しなければならない。

　返済財源とは、融資返済の引当てになるべき資金をもたらす源泉のことである。ここで引当てとは、融資の実務上は担保ではないが、融資金の返済の当てにされているものを指し、金銭債権のこともあれば物的資産の場合もある。

　返済財源は資金使途と密接に結びついている。つまり、返済財源は資金使途によって決まる。したがって資金使途の確認をすることは、そのまま返済財源の確認につながる。

　返済財源の確実性は、融資先の返済能力判定の重要なファクターである。返済能力とは債務者が自分の債務を返済できる能力であり、一般的には債務者の決算上の利益または所得で判定されるが、その他にも純資産や具体的支払手段（現金預金やその同等物）の多寡も重要である。返済財源の主体は利益ないし営業収入であり、場合によっては短期間に資金化される金銭債権であるが、それらが明確になっていることは資金繰りが安定していることを意味する。したがって、返済財源の確実性を検証することは、融資返済の安全な回収の可能性を判断するうえで不可欠のプロセスである。

2 資金使途と返済財源

資金使途別の返済財源を、以下に要約する。

(1) 経常運転資金

経常運転資金の返済財源は、売上債権の回収金である。企業が正常な営業活動をしている限り繰り返し発生するもので、換言すれば経常運転資金は返済の確実性が最も高い資金である。ただし、売上債権（売掛金、受取手形）や在庫が正常に回転していることが前提条件であり、焦付債権や渋滞在庫等の固定化したものがないことを、常にチェックする必要がある。

(2) 増加運転資金

増加運転資金は経常運転資金の増加部分であり、一時的な資金需要とは異なり、恒常的に需要が発生するので、返済財源は経常運転資金の場合と同様である。ただし、増加需要の発生要因を把握し分析する必要がある。

増加需要の原因が売上高や生産高の増加によるものである場合は別にして、売上債権回転期間の長期化、在庫回転期間の長期化、買入債務回転期間の短縮による場合は、その背景を調査する。

売上債権の回転期間が長期化することは、営業政策的に行われている場合を除いて、回収条件が不利になることであり、販売先の信用状態の悪化が懸念される。あるいは焦付債権や不渡手形の発生・内包、融通手形受領の疑いもある。

在庫の回転期間が長期化することは、企業の資金繰りがそれだけ圧迫されることであり、業界の平均値や企業の過去の傾向値との乖離の原因を探り、場合によっては不良在庫の内蔵や架空在庫計上の有無を検証する必要がある。

買入債務回転期間の短縮は、資金繰りに余裕ができたため仕入コスト削減

目的で企業が政策的に実施している場合は問題がないが、仕入先の資金繰りを助けるためにサイトの短縮に応じている場合や、信用力の低下によって仕入先から信用供与枠を減らされているケースも考えられ、業績悪化の兆候がないかどうかを検証する必要がある。

(3) 決算資金、賞与資金

決算資金の返済財源は前期税引前利益の運用部分が資金化されるものであり、賞与資金のそれは当期の利益である。

(4) つなぎ資金

つなぎ資金の返済財源は特定されたつなぎ財源であり、その回収により返済される。ただし、その財源を担保取得していない限り、回収金を流用されるおそれがあるので、資金繰り等のチェックを通じて管理が必要である。

(5) 季節資金

季節資金の返済財源は、季節性の強い製商品の販売代金であり、資金使途と返済財源が明確に結びついている。融資の取上げ時に販売計画等のチェックを行うが、融資実行後も計画どおりの進捗状況にあるかどうかのトレースが必要で、販売計画に離齬をきたしている場合には保全状況の強化等の対策を講じなければならない。また、製商品が売り上げられて代金手形が回収されたときは、当該手形を割り引いて融資済の手形貸付等を回収することが原則である。

(6) 在庫資金、滞貨資金

在庫資金のうち、前向き需要である備蓄資金については、対象となる積増し在庫が計画どおり出荷されればそれが返済財源になる。

後向き需要である滞貨資金については、対象在庫の処分見通しが不確実で

あって返済財源は不安定である。その処分ができない場合は、利益やその他の財源（遊休資産処分等）により返済されることになる。

(7) その他の長期運転資金

投融資資金、資本構成改善資金、減産資金、赤字資金等を含む長期運転資金については、返済財源はいずれも将来の利益であり、利益が十分あげられない場合には、増資や資産処分代金等、代替財源をひねり出す必要がある。最悪の場合は延滞という事態もあり、融資の事後管理が重要である。

(8) 設備資金

設備資金の返済財源は、一義的には当該投資設備が生み出す償却前の稼得利益（キャッシュフロー）であるが、一般的には、「留保利益＋減価償却費」である。このほか、増資、社債発行、資産処分代金なども考えられるが、返済財源としての確実性は劣る。

第4節

返済条件の検証

　返済条件（返済方法）は、返済財源との関連で決定される。つまり、顧客サイドの返済財源の捻出状況に合わせ、融資の資金使途ないし返済財源に則して返済条件が決定されるのである。

　たとえば、顧客の資金計画では返済に7年間を要するとされている設備投資資金の融資の返済期間を金融機関の都合で無理に5年間に抑えたり、目先の分割返済負担を低く抑え不足分を最終返済額にしわ寄せすることなどは、初めから条件どおりの返済ができないことを前提とした融資であり、融資原則に照らしても問題がある。無理に返済期間を短くしたり、最終回の返済にそれまでの返済不足額をしわ寄せするような融資は、結局は折返し融資や返済計画のリスケジュールに跳ね返ることが多く、その融資先を自己査定上の要注意先に追い込むことになりかねない。

　また、本来は長期資金融資として取り上げるべきものを、便宜的に短期資金融資で取り上げ、期日到来ごとに書換継続を繰り返す「コロガシ単名」取引も、自己査定上は貸出条件緩和債権とみなされるおそれがある。

　顧客にとって無理のない、そして金融機関にとっても安定した返済が期待できるような返済条件の設定は、融資の資金使途と返済財源の検証と一体をなしているのである。

第 5 章

企業格付と金利

　早期是正措置の導入により、金融機関は保有する資産の自己査定が求められ、その結果、貸出資産に係る信用リスクの査定が徹底されるようになった。これにより融資先の適切な信用格付と、それを反映した貸出金利の決定が求められている。
　本章では、企業を格付する目的と仕組み、格付の方法、そして金利の決定方法について解説する。

第1節

企業格付の目的と仕組み

1 信用格付制度

(1) 信用格付とは

　金融機関に対する早期是正措置制度の導入により、金融機関は保有する資産の自己査定を行い、資産の毀損度合いを適切に見積もって対応額の償却ないし引当てを実施し、適正な自己資本の額を決算に反映させるものとされた。その結果、資産の相当部分を占める貸出資産に係る信用リスクの適正な査定が必要になり、融資先の適切な債務者区分が重要視されることになった。

　信用格付制度はそのためのツールとして各金融機関が導入を図っているものである。リスク管理のための信用格付は、金融機関の内部管理目的で、債務者または与信案件について、信用リスクの大小という統一的な尺度に基づいて、対象を分類していくもので、そのポイントは「債務不履行（default）の発生の可能性」を客観的かつ定量的に示すということである。そのため、格付における評価の焦点はあくまでも「当該債務者の元利金支払能力」に置かれ、企業規模やブランド等は、それだけでは必ずしも高い評価を受けられない。

　信用格付制度を意義あるものとするためには、信用格付を単に財務内容の表面的な評価だけで行うことは不適切であり、含み損益を含めた債務者の実質的な財務内容の検証や今後の業界の動き、経営者の評価、技術力、販売力などを総合的に検証することが求められる。

　金融庁「金融検査マニュアル」によれば、貸出債権の自己査定にあたっては、原則的に信用格付を行い、それに基づいて債務者区分を行ったうえで、

貸出債権の使途等内容を個別に検討し、さらに担保や保証等の状況を勘案のうえ、債権の回収の危険性や価値の毀損の危険性の度合いに応じて分類を行うものとされている。また、信用格付が採用されている場合には、それが合理的で債務者区分と整合的であることが求められる。信用格付の合理性のためには、債務者の財務内容、格付機関による格付、信用調査機関による情報などに基づき、債務者の信用リスクの程度が適正に反映されていることが必要である。

(2) 信用格付と企業格付

　信用格付には、債務者の債務の履行能力を評価する「企業格付」（債務者格付）と、貸出債権単位で損失発生の度合いを予測する「案件格付」（債権格付）とがある。

　案件格付は、たとえば債券の格付機関では広く採用されている。この場合は企業単位ではなく、企業の発行する債券1本ごとの格付が行われる。甲社の発行している長期債の格付は「AAA（トリプルA）」であるとか、乙社発行の債券は「BBB（トリプルB）」というように称されるが、その場合は発行企業自体の格付ではなく、発行される個々の債券が評価されているのである。したがって、1社で数本の債券を発行している場合には、その発行条件が異なっていれば債券ごとに異なる格付結果になることもある。

　貸出債権の査定においても、案件格付は可能である。その場合は貸出1本ごとに、資金使途や返済期間、金額、保全状況等を検討して、当該債権の損失発生の確率を求める。当然、時間と手間がかかるが、アメリカのように、貸出債権の形式の大部分が、返済引当てを債務者の特定事業や特定資産に限ったノンリコースローンであるような場合は、案件格付のほうが適合する。

　しかし、わが国の金融取引における貸出債権は、大部分が融資先の一般財産を包括的に返済引当てとしており、しかも担保や保証は、根担保や根保証

形式が主流である。また、金融機関が信用格付を行う目的は、自分自身の資産の健全性を確保・検証するためであるから、外部の投資家等の目を意識する必要性は少ない。この意味合いでは、手間のかかる案件格付よりは企業格付（債務者格付）を採用して、債務者自体の債務履行能力を基準に信用格付を実施するほうが合理的といえる。自己査定における分類額の算定方式が、原則として「債務者分類方式」とされることも、これと整合する。

「金融検査マニュアル」が、債務者区分の判断基準に企業格付の考え方を基本として採用しているのは、このような実情を勘案したものといえよう。ただし、プロジェクトファイナンス（第3章第5節3参照）においては、当該融資の回収の危険度合いに応じて、当該融資案件（プロジェクト）自体に債務者区分を付し（みなし債務者区分）、分類を行うこととされ、案件格付的な分類方法が採用されている。

2 企業格付の目的

(1) 信用リスク管理

企業格付は、業種や企業規模など経営土壌に差がある多くの企業を標準化した尺度で客観的に評価し、信用度や企業体力のランク付けを行って、適用金利など与信条件の設定や融資先管理等に活用しようとするものである。

金融機関への早期是正措置制度の導入後、個別の融資案件の資金使途や事業計画を厳正に審査することの重要性はますます高まっているが、個別の審査で融資案件ごとの妥当性は検討されても、それだけでは企業実態を包括的に把握することはむずかしい。そこで、企業格付を用いて企業の存立基盤の良否や財務内容の変化とその背景、経営者の力量、所属業界の成長性など多様な要素を検証し、それを信用リスク管理に活用する動きが顕著になってきている。

この点で、企業格付と自己査定は基本的に同じ考え方に立っており、自己

査定を円滑に進めるためにも、格付制度の充実が必要になる。しかし、格付は自己査定のためだけに行われるのではなく、本来的には、業種別や地域別等のリスクとリターンの検証を通じたポートフォリオ管理と個別融資案件審査を結びつける重要な役割を有し、信用リスク管理の中心的位置を占めるものである。

(2) 信用リスクの計量化

　信用リスク管理を単なる融資先管理に終わらせず、同一の格付に属する企業に係る信用リスクの量を客観的、合理的に計量化する動きが顕著になっている。特に貸出基準金利の設定の必要性が高まり、それに織り込む信用リスクコストを適正に把握するためには、信用リスクの計量化手法の確立が強く要請されることになった。

　そのためには、金融機関内部で、過去のデフォルト・データを蓄積し、それを分析・整備して、リスクの計量化に活用できるシステムを構築しなければならない。これらのデータは、短期間のものでは合理性、納得性に欠けるので、システムを完成させるには相応期間が必要である（第1章第4節参照）。

(3) 融資先に対する取引方針の策定

　企業格付は、融資先への取引方針を策定する際の有力なファクターになる。「格付」と「取引方針」が混同されているケースもあるが、「格付」はあくまでも債務者の支払能力の評価と債権の毀損の可能性を示す指標であり、「取引方針」は格付を参考にして金融機関がその融資先にどのように行動するかという指針を示すものである。

　取引方針は、格付を参考にしながらも今後の融資先の成長性等を十分検討し、取引採算、取引歴、今後の金融機関取引の拡大見込みなどを、総合的に勘案して決定することが重要である。また、抽象的に「取引拡大方針」などと決めるだけでは不十分で、「保全強化を図りつつシェアアップ」「金利水準

是正を条件に融資残高維持」など、具体的なテーマを含んだ方針を決定して、能動的な営業行動に結びつけていくことが大切である。

　取引方針はまた、営業店と本部との融資先に対する見方を統一し、一貫した対応をとることを可能にするものである。逆に、取引方針がしばしば変更されるようでは、方針を定めた効果があがらないことになる。

(4) 金融機関全体の融資戦略の策定

　全融資先に対する企業格付を策定することにより、金融機関全体としての貸出資産の信用リスク別の構成比が把握できる。したがって、資産のポートフォリオ管理が充実し、融資業務における適正なリスクテイクと収益を極大にする戦略を描きやすくなる。

3　企業格付の仕組み

(1) 企業評価と取引評価

　企業格付の仕組みは、融資審査のプロセスを、信用判定項目や一定の尺度を基準にして審査する体制に整備したものである。したがってそこには、各金融機関が蓄積した企業分析のノウハウや審査の尺度が体系的に組み立てられているといえる。

　各金融機関の格付の仕組みは、企業資質そのものを評価する「企業評価」と、取引メリット、債権保全度など取引内容を評価した「取引評価」とに区分して、両者のマトリックスから格付の最終決定を下す方式が一般的である。具体的な評価項目は各金融機関の融資取引の実情に合わせて決定されるが、格付の結論は項目の選択、配点（評価ウェート）によって当然異なる（評価項目の具体例については後述4参照）。

　また、企業格付によって信用リスクの計量化を図るためには、金融機関内部でデフォルト・データを蓄積することが重要である。デフォルト・データ

とは、一定期間内に企業が債務不履行に陥り金融機関に損害が発生した実績データのことであり、通常は、デフォルト確率、デフォルト時損失率、デフォルト時エクスポージャーを指す。

ここで「デフォルト確率（PD）」とは、債務者が一定期間内にデフォルト状態に陥る確率をいい、またデフォルトとは債権が要管理先以下のランクに低下する状態を指す。「デフォルト時エクスポージャー（EAD）」とは、デフォルト時におけるエクスポージャー（ここでは債権が損害や損失のリスクにさらされている状態の額、つまり返済引当てや担保がない状態の額をいう）を意味する。このデフォルト時エクスポージャーに対して実際に発生した損害額の割合が「デフォルト時損失率（LGD）」である。BIS基準（バーゼルⅡ）による信用リスク計測法においては、デフォルト確率は最低5年分、ほかの2つのデータは最低7年分のデータ蓄積が必要とされている。

(2) 企業格付の区分例

企業格付は、融資先の債務履行能力に応じて、融資先を8～12段階程度のランクに区分し、下位の区分を自己査定の債務者区分と連動させることが一般的である。

自己査定および日常の信用リスク管理は目指すところは一緒なので、本来は一致するものであるが、信用リスク管理においては、自己査定マニュアルに沿った見方だけではなく、リスクとリターンとの最適な配分が最終的には収益をもたらすという考え方に立って、債務者の格付を構築していく必要がある。単に自己査定基準に基づき債務者区分を実施するだけでは、効率的なリスクとリターンという資産配分はできない。

以下に、12段階区分の企業格付の例を掲げる。

① ランク1（実質的にリスクがゼロの先）
債務償還の確実性が最高水準にあり、かつ安定している先
② ランク2（リスクが僅少の先）

債務償還の確実性がきわめて高く、かつ安定している先
③　ランク3（リスクが相対的に小さい先）
　　債務償還の確実性が高く、かつ安定している先
④　ランク4（リスク発生度合いが平均値より下回る先）
　　債務償還の確実性は十分あるが、上位格付に比べて将来確実性が低下する可能性がある先
⑤　ランク5（リスク発生度合いが平均的な先）
　　債務償還の確実性は当面問題ないが、将来確実性が低下する可能性がある先
⑥　ランク6（リスク発生度合いが平均値を多少上回る先）
　　債務償還の確実性は当面問題ないが、将来確実性が低下する可能性が大きい先
⑦　ランク7（リスク発生度合いがやや高い先）
　　債務償還の確実性はやや乏しいが、その状態が一過性で当面はまず問題がない先
⇒ここまでが、自己査定上の「正常先」区分に相当
⑧　ランク8（要注意先）
　　元利金が事実上延滞している、業況が低調で不安定、または財務内容に問題があるなど、今後の管理に注意を要する先
⇒自己査定上の「要注意先（その他要注意先）」区分に相当
⑨　ランク9（問題先）
　　元利金の延滞が発生している、業況が低調で不安定、または財務内容に著しく問題があるなど、今後の管理に特に注意を要する先
⇒自己査定上の「要注意先（要管理先）」区分に相当
⑩　ランク10（警戒先）
　　現状は経営破綻の状態にはないが、経営難であり、経営改善計画等の進捗が芳しくなく、今後経営破綻に陥る可能性が大きいと認められる先

⇒自己査定上の「破綻懸念先」区分に相当
⑪　ランク11（実質破綻先）
　　法的・形式的な経営破綻の事実は発生していないが、深刻な経営難の状況にあり、再建の見通しがないと認められる実質的に経営破綻に陥っている先
⇒自己査定上の「実質破綻先」区分に相当
⑫　ランク12（破綻先）
　　法的・形式的な経営破綻の事実が発生している先
⇒自己査定上の「破綻先」区分に相当

4　格付の評価項目と対象先

(1)　企業評価の対象項目

　企業格付における企業評価は、対象企業の財務内容等の定量的要素を評価する「財務評価」と、経営者の能力など定性的要素を評価する「非財務評価」とに区分し、それぞれをスコアリングする方式がとられることが多い。

　評価対象項目は、各金融機関の融資取引状況に合わせて適切に決定されるべきものであるが、財務評価面においては一般的に次のような着眼点が重視される。

①　キャッシュフロー
　　融資先（新規先を含む）の今後3～5年間における元利金支払の確実度、つまり債務償還能力を評価
②　客　観　性
　　恣意性、取引振りによる修正（取引評価で勘案する）などの主観的要素の排除
③　統　一　性
　　全融資先を統一的な尺度で評価（同一格付先の信用リスクの程度は同じ）

企業評価の項目内容は、具体的には以下のように整理されよう。
① 財務評価面
　・安全性：自己資本比率、固定長期適合率、借入依存度、売上高、キャッシュフロー
　・収益性：売上高利益率（経常利益率、事業利益率など）、利益増加率、損益分岐点比率
　・成長性：売上高増加率、経常利益増加率
② 非財務評価面
　・経営環境：業界の見通し・将来性、立地条件、業歴、業界での地位
　・経営者：人柄・識見・健康、経営能力、経営陣（補佐スタッフ）、後継者
　・経営基盤：販売基盤、製商品の競争力、正味資産（自己資本）、系列・関係会社

(2) 企業評価の留意点

a　財務評価におけるポイント

　企業格付を行う場合は、財務分析に関する予備的な知識が不可欠である。そして、財務分析の各比率から企業内容を把握するにあたっては、表面的な数値から断定的な評価を下すことのないよう、次の点に留意する。

　(イ)　時系列的に各比率の推移をみる

　企業の業績は長期的な観点から評価することがポイントである。比率が大きく変動している場合は、その原因を追究し妥当性を判断する。

　(ロ)　相対的に判断する

　地域、自店内の同規模企業や同業他社と比較して、対象企業の実力を評価する。業界平均指標との比較も有効な手法である。

　(ハ)　業種の特性を加味して評価する

　業種によって財務比率の傾向はかなり異なるので、業種の特性を評価に織り込む。

(ニ)　大企業と中小企業とは尺度を分ける

大企業と中小企業とでは財務体質が異なる点が多いので、体質の違いを加味した評価を行う。

(ホ)　異常値の有無を検証する

決算の過去の流れや財務のリズムからみて異常値がある場合は、その原因を調査し妥当性を判断する。

(ヘ)　比率分析の限界を認識する

決算書は企業の意向、ルールに沿って作成されたものである。それゆえ、その数値の分析結果だけで企業を適正に評価することには限界があり、実態と乖離した評点が生じないよう注意する。

(ト)　安全性、収益性、成長性の項目をバランスよく評価する

財務の安全性をチェックすることは与信取引を進めるうえでの基本であるが、企業の継続的発展は収益が根源である。したがって、安定的収益源の状況、利益水準、投下資本や売上規模と収益水準との比較等、収益性の評価も重要である。それと同時に、今後の売上げや利益の伸びが期待できるかどうかという成長性の検証も欠かせないものであり、これらを満遍なく適正に評価しなければならない。

b　非財務評価におけるポイント

企業評価においては、財務面の評価だけでなく、事業を構成する人的・物的要素を財務面と関連づけて分析し評価することが重要である。特に中小企業においては、財務面以上に経営者など定性面の評価の重要性が高い。非財務面の評価の着眼点としては、前掲のとおり経営環境、経営者、経営基盤の3つがあげられる。

非財務項目を評価するには、担当者が日頃の折衝を通じて相手方の実態を十分把握していることが不可欠であり、次の点に留意して的確な判定を心がける。

(イ)　客観的なデータの収集に努める

日頃から対象企業に関する情報を収集し、管理カード等に記録しておく。同業者や地域の風評についても耳を傾け、内容の正確性を確かめる。

(ロ) 経営トップとの面談を心がける

特に中小企業については、経営トップとの直接面談は必須の要件である。トップだけから得られる情報も多く、企業評価に与える影響は大きい。

(ハ) 担当者の独断で評価しない

非財務面の評価は、財務評価と異なり資料を分析すれば実態が把握できるという性質のものではない。トップとの面談や同業他社比較で評価する場合には、担当者だけの判断を避け、複数の目で確認して評価を下すことが望ましい。

(ニ) 財務評価と相互に関連させて評価する

非財務面の資質の優劣は、どこかの時点で財務面に表面化するものである。非財務の評価結果が財務面でどのように反映されているかを注意しながら、相互に関連させて企業全体を総合的に評価する姿勢が必要である。

(3) 取引評価の対象項目

企業格付のもう1つの側面である取引評価については、一般的には次のような項目が評価対象となる。

・取引効率：預貸率、実質金利、資金利益率、預貸収益額
・取引親密度：融資シェア、取引年数、関連取引状況、地元関連度
・債権保全度：信用貸しの状況

(4) 企業格付の対象先

企業格付の対象は、原則として信用供与先すべてである。新規与信開拓先も含める。ただし、信用保証協会保証付ローンのみの先、預金担保貸出のみの先などは、原則として格付対象外とされることが多い。

第2節

企業格付の手法

1 格付の決定プロセス

　企業格付の決定プロセスは、一般的には、①一次測定（企業の債務償還能力の測定）、②二次測定（補完的債務償還能力の測定）、③三次測定（自己査定上の債務者区分基準との整合性チェック）、④審査担当部署の承認、⑤資産監査室の監査という手順で実施される。

(1) 一次測定（企業の債務償還能力の測定）

　ここでは、キャッシュフローを中心に債務償還能力をみる。それには、定量、定性、フリー・キャッシュフローの3つの予測要素から評価する。

　定量分析では、債務償還能力分析と財務状況（比率分析、実数分析）、すなわちフローとストックをみて、スコアリングにより評価する。

　定性面では、経営環境や企業特性などをスコアリング項目に取り入れて評価する。

　フリー・キャッシュフローでは、過去のキャッシュフロー実績からトレンド関数等を用いて、将来の予測を行う。

(2) 二次測定（補完的債務償還能力の測定）

　補完的債務償還能力とは、キャッシュフロー以外の、企業を清算価値で把握した場合の債務償還能力を指し、担保に供されているもの以外の保有資産の処分可能見込額の程度を把握するものである。また、保証人保有分を含めた有価証券や不動産の償還余力、親会社やメインバンク等の外部支援見込み

も勘案する。

(3) 三次測定（自己査定上の債務者区分基準との整合性チェック）

自己査定での債務者区分を判定するマトリックスなどの比較で検証を行い、審査担当部の承認を得て、最終的な格付が決定される。

2 格付の運用、見直し

格付の有効期間は通常1年間である。具体的には、対象企業の翌期の決算が終了し、決算に係る財務諸表の入手により新たに格付作業が行われる。つまり格付の更新時までということである。更新は決算期ごと、すなわち年1回が一般的であり、実務上は決算期経過後の最初の自己査定に合わせて実施される。

もちろん、融資先の財務内容や信用状況に重大な変化が生じたときは、遅滞なく格付の見直し・修正を行うことが必要である。そのためにも融資先の信用状況は日常的に注視しておかなければならない。

第3節

金利の決定

1 貸出金利の決定システム

(1) 金利自由化の影響

　金融機関の基本的な業務は、不特定多数の顧客から預金を集め、それを財源にして貸出を行い、その利鞘から収益をあげる金融仲介業務である。オーバーローンの金融機関においては、貸出の資金が預金だけではまかなえないので不足額を外部から取り入れる。

　かつての規制金利時代では、預金金利はどの金融機関も同じであり、貸出金利は常に預金金利より高く維持されていたので、利益の確保は容易であった。しかしその後の金利自由化に伴い、金融機関の裁量で預金や貸出金利の決定ができるようになり、金利決定政策の巧拙が預貸利鞘を左右する状況となった。したがって、金利市場の先行き見通しや金融機関自身が置かれた経営環境を踏まえ、金利に対する感応度を高めて金利相場感覚を発揮することが重要になっている。

(2) 短期貸出金利と長期貸出金利

　貸出期間1年以内の短期貸出金利は、金融機関の資金調達コストをベースに、金融機関の利鞘を上乗せして決定される。上乗せ利鞘を最低限に留めたものが短期プライムレートであり、利鞘の上乗せ幅（スプレッド）は融資先の信用度や融資取引環境等を反映して決定される（後記2参照）。

　貸出期間が1年以上の長期貸出には、短期貸出金利より高く設定される長期貸出金利が適用されるが、かつての長期プライムレートは形骸化してお

り、現在は長期資金の調達コストにスプレッドを乗せた金利設定が中心となっている。

2 金利の決定要因

　貸出金利は、資金の需要動向や金融政策によって水準が定まり、金融逼迫期には高く、緩和期には低くなる。
　一般的に、貸出金利の決定要因として次のような項目があげられる。

(1) 債権回収の確実性（信用リスク）

　個々の貸出債権の信用リスクは金利決定に大きな影響力をもつ。上位信用格付に属する融資先に対する貸出はリスクが小さいので金利は低く、経営基盤の脆弱な中小企業向けの貸出金利は相対的に高めになる。要注意先以下の先への金利も当然高くなるが、低利の支援金利を適用せざるをえない場合もある。
　また、担保や信用保証付貸出は無担保貸出よりも回収の確実性が高いので、低金利を適用する場合が多い。

(2) 融資期間

　融資期間が長期にわたる長期貸出は、短期貸出に比べて回収リスクが高く、また金融機関にとって資金の長期固定化リスクも発生するので、高めの金利（長期金利）を適用する。

(3) 貸出コスト

　貸出金利には、資金調達コストおよび経費コストが反映される。資金調達コストは、預金金利のほかには、金融市場から資金調達する際の調達金利（注）が基準になる。また経費コストは、貸出業務遂行のためのコストであ

り、貸出1件当りのコストをベースに、貸出種別等に応じて個々の貸出に賦課される。

　（注）　全国銀行協会が公表している「日本円 TIBOR」（無担保コール市場の実勢を反映したもの）や「ユーロ円 TIBOR」（本邦オフショア市場の実勢を反映したもの）が一般的に用いられる。

(4) 取引内容

　通常の融資取引先は、預金や外国為替など融資以外の取引も行っている。これらの取引全体から得られる総合的な収益すなわち取引採算（取引利回り）は、貸出金利の決定に相応の影響を与える。たとえ貸出金利が相対的に低くても、それ以外の取引を通じて得られる手数料収入等を勘案すれば十分採算がとれているケースも多い。

　また、表面の貸出金利とは別に、預金の歩留りを勘案した実効金利（実質金利）という尺度で、融資取引の収益性を把握することもある。

　この場合の実効金利は、次の算式で求められる。

$$\frac{（総貸出平均残高 \times 貸出平均金利 - 総預金平均残高 \times 預金平均金利）}{（総貸出平均残高 - 総預金平均残高）}$$

(5) 取引環境

　通常、企業は複数の金融機関と取引しており、地域内では多くの金融機関が競合していることが多い。優良な取引先には金融機関が競って攻勢をかけるので、貸出金利の決定に際してもそれを考慮した金利サービスを行うケースがある。採算を度外視した金利のダンピングなどは論外であるが、金融機関側の理屈だけで金利を決定できないこともあることは事実である。金融仲介機能の発揮としての金融サービスをアピールし、適正な金利の確保を図るほか、表面の金利はサービスしつつ、総合的な取引利回りを確保するという戦術も考えられよう。

3　貸出基準金利

(1)　貸出基準金利の考え方

　金融庁は、金融機関に対する「主要行等向けの総合的な監督指針」あるいは「中小・地域金融機関向けの総合的な監督指針」において、リスク管理債権額の開示区分の1つとして「貸出条件緩和債権」を掲げ、そのなかで貸出基準金利の考え方を示している。すなわち基準金利とは、「当該債務者と同等な信用リスクを有している債務者に対して通常適用される新規貸出実行金利」とされ、さらに、基準金利は経済合理性に従って設定されるべきこととされ、具体的には、設定に際し信用リスクに基づく適切かつ精緻な区分を設け、その区分に応じた新規貸出約定平均金利を基準金利とすることとしている。

　「信用リスクに基づく精緻な区分」については、単なる「要管理先」および「その他要注意先」の区分は信用リスクに基づく区分とはいえないとされ、過去のデータ蓄積が不十分であること等により、信用リスクの精緻な計測を行うことができない場合には、要注意先全体を1つの「同等な信用リスクを有している債務者」のグループとみなして、基準金利を設定することも当面は認められるが、データの蓄積を行ったうえで将来的には適切かつ精緻な区分を設けるべきものとしている。

　信用格付制度が確立されておらず、上記のような基準金利の算定ができない金融機関においても、債務者区分ごとの新規貸出約定平均金利の算定は可能であろうし、少なくとも債務者区分ごとに信用リスク等（倒産確率だけでなく回収可能性等も加味した貸出金に係るリスク）に見合ったリターンが確保されている旨を合理的・客観的に証明できる方法により求めた金利（理論値）を算定することも十分可能と考えられるので、しかるべき対応が求められるであろう。

　なお、表面上は基準金利を下回る金利を適用している貸出債権であって

も、当該債務者に対するほかの貸出金利息、手数料、配当等の収益、担保・保証等による信用リスク等の増減、競争上の観点等の当該債務者に対する総合的な採算を勘案して、当該貸出債権に対して基準金利を適用している場合や実質的に同等の利回りが確保されている場合は、基準金利の適用がされている場合と同じに扱ってよいものとされている。

　この基準金利の考え方は貸出条件緩和債権の該当要件として設けられたものであり、「債務者の経営再建または支援を図るために債務者に有利となる取決めを行う」という前提があるので、それに該当しない「正常先」債権や「破綻懸念先」以下の区分の債権については適用がないことになるが、信用リスク等を反映した精緻な区分に基づく貸出基準金利の設定という考え方は、今後も貸出金利決定における重要ファクターとなるであろう。

(2)　貸出金利の構成内容

　前記のような考え方に立てば、貸出金利は、信用リスクコストを織り込んだ、次のような算式で決定されることとなる。

　　　貸出金利＝信用リスクコスト＋資金調達コスト＋経費コスト＋利鞘

　担保や保証等により100％保全されている貸出債権については、信用リスクコストは僅少なので、資金調達コストおよび経費コストが確保されていれば、後は適正利鞘を見積もって貸出金利を決定すればよい。

第6章

債権保全

　融資においては、返済の確実性を保全するために、融資先から担保や保証の提供を受けることが多い。
　本章では、債権保全策としての担保・保証についての考え方やその概要を解説する。

第1節

担保・保証の必要性

1 担保の意義

　「担保」とは、金融機関が融資などの与信取引を顧客と行うに際して、将来返済不能や損害発生を被る事態が起こることを想定し、あらかじめ与信供与先（債務者）または第三者から提供を受ける、返済の確保や損害補填に供するための手段である。他方で、「担保」には、債務者に任意の返済や支払を心理的に強制する手段としての機能もある。

　広義の「担保」には「保証」も含まれ、狭義の担保を「物的担保」と称するのに対し、保証を「人的担保」ということがある。

　物的担保の場合、担保権者たる債権者は、債務者や第三者の担保権の目的財産を引当てとして、債務者の債務不履行等による損害発生時には、その財産の換価代金から優先的な弁済を受ける権利を有する。この優先弁済受領権が物的担保の特徴であり、金融機関にとっては債権回収の確実性を確保する有力な手段となる。また、この目的財産を指して「担保」ということもある。

　これに対して保証は、第三者たる保証人のすべての財産を債権回収の引当てとするものであるが、その財産から優先的な弁済を受けることはできない。したがって、債権保全手段としては、物的担保を補充する位置づけにあるといえる。

2 なぜ債権の保全策が必要なのか

(1) 債権保全の意義

　顧客と融資など与信取引を行うに際して、その資力、信用度、融資の資金使途、返済財源等を慎重に検討し、回収の確実を期すことは当然である。しかし与信供与の期間が長期間にわたるほど、あるいは与信金額が大きくなるほど、または顧客の経営規模や業種などにより、予測しえない事情が発生し、融資金等が計画どおり回収できない危険性が大きくなる。つまり、そこに信用リスクが存在する。

　一般的に中小企業においては、景気の変動や商品市況の下落、取引先の取引条件変更など、外部要因の変化によって経営基盤が不安定になりやすい特徴がある。また、経営も経営者個人の個性や手腕に頼るところが大きいことから、いったん経営者に事故や支障が発生すると、途端に経営が行き詰まる懸念がある。また、個々の個人融資は、法人への融資に比べて回収リスクが大きいので、なんらかの保全策が必要とされる。

　このように、与信取引には相応の信用リスクが伴うので、債権保全のために必要とする担保や保証を取得し、万一の事態に備える必要性がある。金融機関としては、担保や保証は与信額の全額をカバーするように取得することが好都合であるが（いわゆる担保フルカバー）、顧客の信用度や与信期間、返済財源の確実性などに応じて、与信の全部または一部につき、担保や保証をとらない扱いをすることもある。すなわち「信用貸し」である。信用貸しをどの程度認容するかについてはこの後にも述べるが、それは与信案件稟議のたびに検討するのではなく、当該顧客に対する信用格付や取引方針に基づいて、事前に包括的に意思決定しておくべきものである。

　なお、設備資金融資の場合には、その対象となる投資物件を持込担保として徴求することが原則である。

(2) 信用貸しの考え方

　融資の基本的スタンスは、顧客の前向きな事業展開に必要な資金需要に対して、資金を適正金額の範囲内で必要な期間だけ用立てることにある。適正金額とは、資金使途に則して判断し必要と考えられる金額であって、顧客の返済能力、金利負担能力に十分見合い、かつ財務バランスを大きく崩さない範囲内のものをいう。また、前向きの資金需要という意味合いには、顧客が生き延びていくためのリストラ等に要する資金需要も含まれ、その計画遂行によって経営の将来に寄与するものであれば、基本スタンスに適う融資と考えられる。

　資金使途を吟味し返済能力も十分あると判断される融資案件については、返済引当てとなる財源が確認でき返済の確実性が担保されていることで債権保全が図られており、特別に担保や保証による保全は必要としない。つまり、この場合は100％信用貸しが許容されるのである。担保や保証を当てにしなくともよいものこそが優良な融資であり、そのような融資を数多く確保できるのであれば、金融機関の収益基盤はそれだけ安定し、債権の管理回収のために余分な費用や人手をかけることも不要になって、金融機関として経営上のメリットは大きい。

　しかし、現実にはそのような優良案件は多くなく、特に、金融機関が主要なマーケットとしている中小企業向けの融資においては、企業の営業基盤や財務面、人材面等に弱点が多いので、リスクをうまくヘッジしながら、その資金需要に応じていかなければならない。また、現在は優良企業であっても遠い将来にどうなっているかはわからないように、先々の見通しは立てにくいものであり、このようなリスクをヘッジする手段として、リスクの量に見合った担保や保証による保全策を検討することが必要になる。この場合、リスク量以上に過剰な担保や保証を求めることは、顧客に対して過重な負担を強いることになり、担保や保証による保全の必要性を顧客に説明する責任が金融機関に求められる以上、適切な融資姿勢とはいえない（後記第5節も参

照)。

(3) 担保頼りの融資の危険性

担保頼りの融資とは、顧客の返済能力や金利負担能力、あるいは資金使途などの調査・分析をおろそかにして、もっぱら担保や保証があることを返済の拠りどころとして実行される融資姿勢のことである。このような融資姿勢のもとでは、「融資は安全かつ確実に回収されなければならない」という融資における安全性の原則がまったく無視されており、したがって健全な融資業務の進展が損なわれる。

このような融資は顧客にとって不都合なだけでなく、融資を実行した金融機関の側にも不利益を生ずる。すなわち、融資が不良債権化した場合に、当てにしていた担保や保証からの回収見込みが狂うと、直ちに回収不能による損失が生じ債権償却が必要になる。さらには、なまじ担保や保証があるために償却手続すら滞ることにもなる。この場合、担保があってもそれが処分されて返済財源が捻出されない限り、利息収入を生まない不稼動延滞融資が長期間残ることになって、結果的に金融機関の経営上も大きな負担となることになる。

この点は、金融庁の「主要行等向けの総合的な監督指針」「中小・地域金融機関向けの総合的な監督指針」あるいは「金融モニタリング基本方針」においても、担保や保証に過度に依存した融資姿勢は好ましくないものとされている。

3 保全不足への対応

担保や保証は、適宜その内容の見直しが必要である。これまで保全100％で取引していたはずのものが、顧客の倒産後、担保処分による回収を図ったところ担保目的物の価額が下落していたり、保証人の実資力や保証能力が減

衰していたりした結果、融資金の一部に思わぬ回収ロスが生じてしまったというようなケースが発生することも珍しくはない。

　このような事態を避けるには、担保や保証からの回収見込額を日頃から見直し、保全状態の現状をしっかりと把握しておくことが必要である。不動産や有価証券等の物的担保については、一定間隔で定例的に評価替えを実施するとともに、価格変動が激しいときは随時担保評価額の修正を行うべきである。保証についても、保証人の資産負債状況や収入状況の変化をチェックし、現状の保証能力の把握に努めることが求められる。

　融資などの与信総額に対する担保・保証からの回収見込額のバランス状態を示したものを「担保ポジション」というが、顧客の取引状況いかんにかかわらず担保ポジションは常に把握しておき、信用貸しとなっている金額の現状を認識したうえで、信用リスクを踏まえた保全状況の適否の判断を下すべきである。

　担保ポジションにおける信用貸し部分が新たに発生あるいは増加したために、表面上の保全不足が生じた場合の対応方法は、顧客に対する取引方針や融資の状況により異なる。顧客が優良先であって積極方針で対応している場合は、相応の信用貸しは許容されるであろうし、融資取引内容が短期融資主体であれば、融資が実質長期化しておらず、かつ返済財源の確実性が確認できる限りは、信用貸しが認められるであろう。これに対して、顧客の信用状態が悪化している場合には、直ちに担保の増額や保証人の追加、あるいは融資金の一部の返済を求めるなどして、保全不足の解消を図るべきである。

　なお、担保ポジションにおける担保・保証の回収見込額の算出は保守的に行う。すなわち、物的担保のそれは処分を前提とした価額（処分価額）とし、保証人の保証能力は保有財産の額ではなく、それから負債を控除した後の実資力で測るべきである。

4　担保と保証の優劣

　債権の保全手段といっても、冒頭で述べたように担保と保証とでは大きな違いがあり、実務においてはそれを適宜使い分ける必要がある。

　担保は、担保目的物の価値そのものが返済引当てとなっており、その換価代金から他の債権者に優先して債権回収を受けることができる。したがって、そこでは目的物の価額の程度が問題になるだけで、目的物の所有者の資力などは無関係である。

　これに対して、保証は保証人の人的信用を利用するものであり、債務不履行があれば債権者は保証債務の履行を請求し、その履行がされない場合は保証人の全財産に対する強制執行が可能になる。したがって、保証においては保証人の実資力、すなわち保有資産と負債の差額の状況が重要になる。

　債権保全策として、担保と保証とではいずれが有利であろうか。単純に考えると、債権回収手段としては担保のほうがその確実性は高い。しかし、担保の内容や効力には法的な制限があり、担保権の設定や実行手続も簡単とはいえない。この点、保証は回収手段としての確実性では担保に劣るものの、保証人の資力次第ではスムーズに債権回収ができることもあり、保証の徴求や履行請求手続も比較的簡単で、費用も低廉にすむ利点がある。

　このように、担保と保証とは一長一短であり、そのいずれを採用するか、または両方を併用するかは、ケース・バイ・ケースで判断される。

第 2 節

物的担保の取得

1 担保目的物の担保適格性

　物的担保の目的物は、不動産をはじめとして、有価証券、預金、手形、売掛金、その他の動産などさまざまであるが、どのようなものを担保として差し入れてもらうかについては、よく吟味する必要がある。担保は、万一のときの債権回収手段であるから、処分に制限のあるものは不適当である。
　担保目的物としての適格要件には、次のような事項があげられる。

(1) 価値が被担保債権を回収するのに十分なものであること

　担保として最も重要なことは、担保目的物の評価額が被担保債権額に十分見合っていることである。評価額が不足するものを担保とすることもあるが、それは一種の緊急措置であり、担保としては要保全額に見合う価値のあるものの差入れを交渉すべきである。しかし、被担保債権額に比べて評価額が多すぎるような担保取得も問題である。近い将来、その評価額に見合うまで融資を予定している場合は別にして、過剰な担保取得は避けるべきである。
　担保価値（担保価格）は、担保物の時価評価額をベースにして、処分する場合に考えられる減価要因や費用負担を担保掛目として控除した後の、実質担保価格（処分可能見込額）で把握する。顧客サイドは、担保物のゴーイングコンサーン価格である正常価格をもって担保価値を見積もる傾向があり、その点は金融機関の見積もる担保価値と食い違うことが多い。

(2) 価値が客観的に把握され、かつ安定していること

　担保価格の決定に際しては、目的物の市場価格をベースにすることが通常であり、そのためには担保価値が市場価格によって客観的に評価できることが望ましい。目的物が売買される市場がないもの（未上場株式など）は、客観的な価格評価がむずかしく担保としての適格性は劣る。

　また、市場価格の変動が大きい場合は、適正な価格水準を求めることがそれだけ困難であり、担保掛目（処分時のリスク負担予想率）を保守的にみることになる。たとえば、預金担保は価格の変動がないので掛目は100％であるが、上場株式の場合は市場価格が毎日変動しており、担保処分時の価格変動リスクが相当程度予測されるので、掛目を市場価格の70％程度として、処分時の価格の減価に備えている。

　価格変動については、市場価格要因のほかに、担保目的物自体の変質等による価格下落の危険性も考慮する必要がある。たとえば、商品担保においては流行遅れや品質の経年劣化などが大きな価格下落要因になる。

　不動産担保は、本来は市場価格の安定性が評価されているものであり担保としての適格性は高い。

　この意味で「よい担保」とは、担保価値が安定しており、価格変動や担保物自体の変質などによる担保価値の下落リスクの少ないものということができる。

(3) 換価処分が容易であること

　担保は「万一のときの債権回収手段」であるから、その必要が生じた際には、直ちに、かつ容易に、換金処分ができるものでなければならない。つまり金融機関にとっては、担保権者の意思ひとつで、簡単な手続により処分が可能であって、短時間に十分な金額の回収をできることが、優れた担保目的物の要件といえる。この点で最も優れているものは自行預金であるが、担保として利用するには金額的に限界がある。上場有価証券や手形等は、換金方

法は比較的容易であるが、常に十分な金額の回収ができるとはいえない。不動産担保は、換価処分手段は簡便とはいえないが、基本的には利用範囲が広く価格変動も比較的少ないので、優れた担保目的物といえる。ただし、共有土地の一部の担保取得や底地だけの担保取得（いわゆる分離取得）などは、不動産担保であっても処分が困難である。

(4) 担保権の設定手続が簡便で事後の事務管理負担も軽いこと

担保は、その取得手続が簡便で、かつ手続の費用負担が軽いものがベターである。たとえば、数筆に分かれている物件よりは一筆にまとまっている物件のほうが、担保設定手続は簡単で費用も安上がりである。したがって、保全の効果に大差がなければ、簡単なほうを選ぶべきである。預金や有価証券、手形は、担保取得手続が簡便であるが、不動産担保は、評価手続や抵当権設定登記手続を要するので、時間と費用がかかる。

また、担保取得後の事務管理の負担が軽いことも、よい担保としての要件である。事務管理負担が軽いことは、事後管理の徹底を可能にさせる大きな要件である。預金や有価証券担保は管理負担が軽いが、商品などの動産担保は商品の品質管理に気を配る必要があり、管理に手間がかかる。不動産担保については、担保権設定者（所有者）が目的物を占有するので、担保権者が日常管理をする必要はないが、担保価値の維持には注意を払う必要がある。たとえば、借地上の建物だけを担保取得している場合、底地の借地権が解除されてしまうと実質的に担保価値は消滅してしまうので、常時注意をしなければならない。また、遠隔地の更地を担保取得している場合、その利用状況を常時チェックするには困難が伴い、担保としての適格性はそれだけ劣るということになる。

2　物的担保取得の留意点

物的担保の取得に際しては、次のような点に留意する。

(1)　担保差入人（担保権設定者）の権原調査

物的担保を取得するに際しては、担保目的物の所有者である担保差入人が、正当な権原を有していることを確認する必要がある。無権原者から担保の差入れを受けても、それは当然に無効である。

預金であれば名義人を、有価証券や手形であれば占有者（所持人）を権原を有する者と推定したうえでその真偽を確認するが、不動産の場合はそれほど簡単ではない。一般的には、不動産登記簿等により所有名義人を確認するが、わが国では登記に公信力が認められていないので、登記上の名義人のほかに別の所有者がいた場合には、登記上の名義人から差入れを受けた担保権（抵当権）は無効となって保護されない。したがって、所有名義人に疑義がある場合には、名義人の記載を適宜さかのぼり、現在の名義人に至るまでの権利移転の事実を前者に照会し、あるいは固定資産税評価証明書や住民票等によって、真の所有者を確認する。経験則からは、短期間に所有名義が頻繁に変わっているものには注意する必要があるが、保有期間が長いものは概して安全といえる。

(2)　担保差入人の権利能力調査

担保差入人が未成年者以外の制限能力者（成年被後見人、被保佐人、被補助人）である場合は、成年後見人、保佐人、補助人の同意が必要である。高齢者である場合は判断能力に問題があることも考えられ、親族や関係者の立会いのもとで差入れを受けるなど慎重な対応を要する。状況によっては、任意後見人の有無を確認することも必要であろう。

差入人が未成年者である場合は、法定代理人たる親権者または後見人の同

意を要する。この場合、法定代理人と本人との間に利益相反行為がないことを確認する。たとえば、親権者が自己の借入れのために未成年の子を代理して子が所有する不動産に抵当権を設定する行為は、たとえその借入れを子の養育費に充てる意図であっても利益相反行為に当たる。利益相反行為に該当する場合には、家庭裁判所が選任した特別代理人に代理をしてもらうことになる。

差入人が株式会社の場合は、担保提供行為が定款で定められている「会社の目的」の範囲内であることを確認する。法人は、定款や寄付行為で定められた目的の範囲内で権利・義務を有するとされているからである（民法34条）。一般に、営利法人の場合は目的の範囲は広く解されているが、非営利法人の場合には狭く解されているので注意を要する。理事や取締役が、自己の借入れの担保として、所属する法人の所有物件を差し入れる行為は利益相反行為になるので、当該法人の株主総会や取締役会、理事会などの承認を要する。

(3) 担保差入意思の確認

担保差入人の差入意思確認は、差入人（担保権設定者）本人に対して直接行う。債務者が自分の所有物を担保差入れする場合は、債務者本人と担保差入交渉を進める限り、意思確認の問題は発生しないが、第三者提供の物件を担保取得する場合は、差入意思の確認をしっかりと行う必要がある。この確認を怠ったため、後日担保差入れが否認されて裁判で争われたケースも多い。

担保差入否認のケースは、設定者の配偶者や親子が本人を代理して手続をした場合、あるいは債務者が設定者を代理して手続をした場合などに、しばしば発生する。たとえ面談の相手が設定者の印鑑証明書や実印などを所持していても、それをもって代理権があると判断することは危険であり、裁判例では、金融機関がこのような事実によって代理権ありと信ずべき正当な理由

はないとして、金融機関側の過失が認定されることが多い。

　上記の状況を勘案すると、担保差入意思の確認手続は、次のように行うべきである。

　原則として、設定者本人と直接面談して意思確認を行う。確認事項としては、担保提供の明白な意思、担保権の内容（普通抵当か根抵当かで、もめるケースが多い）、第三者提供の場合は債務者との関係などである。担保権設定契約書には、金融機関職員の面前で自署捺印を求める。署名だけでなく、金額や日付、物件の表示などの重要事項についても自筆での記入を求める。設定者本人との面識がないときは、運転免許証、パスポートなど写真付きの公的証明書で本人であることを確認する。このような方法によりがたい場合は、印鑑証明書の生年月日との突合せ、本人自宅への確認のための直接訪問、勤務先への電話照会（本人への直通電話以外の、会社交換台等第三者経由で架電すること。携帯電話経由は不可）、郵便による照会（回答文書を保管）などの方法で意思確認を行うが、本人面談の場合に比べて確認の安全度は劣る。

　また、担保提供の明白な意思確認とは、具体的には、担保権設定契約書の内容、債務者名、担保設定金額、普通抵当と根抵当の別、連帯保証人を兼ねる場合はその事実などについて、確認を受けることをいう。この場合、担保権設定契約書の写しを相手に交付し、それを受領した旨の署名を受けるとともに、確認日時、場所、担当者名、確認の方法、同席者名、当日の天候等を確認記録として文書化しておき、後日の紛争防止に備えることが必要である。

(4)　第三者対抗要件の具備

　担保権は、担保提供者、債務者と担保権設定契約を結んだだけでは、その効力を完全に確保したことにはならない。利害関係を有する第三者に対して担保権を主張するためには、第三者対抗要件を具備することが必要である。

具体的には、不動産担保における抵当権の場合は登記または登録が必要であり、質権や譲渡担保の場合は契約書や差入証への確定日付の徴求を要する。
　抵当権における登記留保扱いは、対抗要件を欠いている例外的な担保契約であり、そのままの状態で、担保差入人が破産や民事再生手続の申立てを行うと、当該手続においては抵当権を主張できなくなるので、日常の担保管理がそれだけ重要になる。

第3節

担保の種類と特徴

1 法定担保物権と約定担保物権

　担保物権を発生原因別に分類すると、法定担保物権と約定担保物権とに分けられる。

　このうち法定担保物権とは、当事者間の契約を要せず、特殊な状態において発生した債権を一定の立法政策に基づき保護するために、法律の規定に従って当然に発生するものである。具体的には、留置権と先取特権がある。

　また約定担保物権とは、当事者間の契約によって発生するものであり、質権や抵当権のように民法で定められているもの（典型担保）のほか、譲渡担保や仮登記担保のように民法では定めがないが判例法理から担保として認められている非典型担保や、代理受領や振込指定のような担保的機能を有する事実上の担保がある。金融機関の融資取引における担保は、約定担保物権によるものが一般的である。

　質権は、債権の担保として、債務者または第三者から受け取った担保目的物を占有し、かつその目的物について他の債権者に先立って自己の債権の弁済を受けられる権利であり、民法342条以下に規定されている。

　抵当権は、債務者または第三者が占有を移さずに担保に供した不動産について、他の債権者に優先して弁済を受けられる権利であり、民法369条以下に規定がある。実務上は、抵当権とともに根抵当権（民法398条の2～398条の22）が多用されている。担保目的物を抵当権設定者に引き続き使用・収益させておく点で、質権とは異なる。

　また譲渡担保は、判例法理で担保と認められているもので、債務者所有の

目的物の所有権をいったん債権者に担保として移転させ、債務が弁済された場合は所有権を元に戻すことをあらかじめ契約することで成立する。形式的に所有権の移転がなされても、目的物は引き続き債務者の占有下に置かれ（占有改定）、債務者の使用・収益が認められる。私的な実行手続により債権の回収ができるほか、集合債権、集合動産のように、典型担保では担保化できない財産についても担保として利用できる利点がある。

2 担保目的物と担保取得方法

(1) 自行（庫・組）の定期預金

取引先が自行（庫・組）に預け入れた定期預金を担保取得する場合は、質権の設定を受ける。担保取得方法、管理、処分が容易であり利用度は高いが、担保としての利用範囲が定期預金金額内に限定されるので、大型の担保とはなりがたい。

(2) 有価証券

上場株式、公社債、信託受益権を担保として受け入れる方法として質権および譲渡担保があるが、質権の利用が多い。

(3) 商業手形・電子記録債権

商業手形の担保取得においては、譲渡担保が利用されている。
電子記録債権も、譲渡記録をすることで譲渡担保として利用できる。

(4) 不 動 産

不動産については、抵当権または根抵当権の設定と登記を受けて、これを担保取得する。根抵当権については、債務者、被担保債権の範囲、極度額を定める必要がある。

(5) 動　産

　商品等の動産を担保とするには、対抗要件の具備、数量および品質等が継続的にモニタリングできること、適切な換価手段の確保（信頼のおける処分ルートがあり、そこへのアクセスに支障がないこと）を前提に、客観性・合理性のある評価方法によって、担保目的物を評価できることが必要である。

　対抗要件の具備手段としては、たとえば商品等に倉荷証券、船荷証券、貨物引換証等が作成されている場合は、それらの証券に質権を設定し占有下に置くことのほか、「動産及び債権の譲渡の対抗要件に関する民法の特例等に関する法律」（動産・債権譲渡特例法）に基づく動産譲渡ファイルへの譲渡登記が考えられる。

(6) 債権（金銭債権）

　売掛金等の金銭債権を担保とする場合は、対抗要件の具備および第三債務者の財務状況や信用力を継続的にモニタリングできることが前提となる。

　対抗要件を備えるには、民法467条の定める第三債務者への通知または第三債務者の承諾の取得のほか、担保差入人が法人の場合には、動産・債権譲渡特例法に基づく債権譲渡登記ファイルへの譲渡登記が可能である。

第4節

保証の意義と留意点

1 保証の必要性

　保証とは、債務者が債務を履行しない場合に、債務者以外の者が債務履行に応ずることを、債権者にあらかじめ約束することである。この場合の債務者にかわって債務履行に応ずる者を保証人といい、その負担する債務を保証債務という。物的担保に対して人的担保ともいわれ、債権者は保証人の全財産を債権の返済引当てとすることができるが、そこから優先的に返済を受ける権利はない。

　金融機関が保証を取得する目的は、債務者が債務不履行に陥った際の債権回収手段を確保することにある。したがって、保証人には明確な保証意思と保証能力が備わっていることが必要とされる。他方で、中小企業取引等においては、代表者等の個人保証の差入れを求めることが多くあり、また個人融資に際して、法定相続人の保証を求めることがある。これらの場合は、その保証能力を当てにするというよりも、債務者に債務履行の責任を自覚させる意味合いが強い。

2 保証の性質

(1) 付従性

　保証債務は、主たる債務が存在することを前提に存在する。したがって、主債務が変更・消滅・無効となれば、保証債務も原則として変更・消滅・無効となる。ただし、民事再生手続や会社更生手続において主債務がカットさ

れても、それにより保証債務が変更・消滅することはない。また、保証債務は主債務よりも重くなることはない。

(2) 随 伴 性
債権譲渡等によって被保証債権たる主債務が移転する場合には、原則として保証債務も随伴して移転する。

(3) 補 充 性
保証人は、主債務が履行されない場合に限って保証債務の履行義務を負う。この性質を補充性という。このため保証人には、催告の抗弁権（まず主債務者に催告するよう請求できる権利。民法452条）と、検索の抗弁権（主債務者に弁済の資力があり執行が容易であることを証明のうえ、まず主債務者の財産に執行するよう請求できる権利。同法453条）が認められている。しかし、連帯保証においてはこれらの抗弁権はない（同法454条）。

③ 保証契約の種類

(1) 普通保証と連帯保証
保証人が主債務者と連帯して債務を負担する旨の合意を行った保証契約を連帯保証といい、それ以外の保証を普通保証ということがある。

連帯保証には補充性がなく、したがって催告、検索の抗弁権は認められない。金融機関取引においては、原則として連帯保証が利用されている。

(2) 特定保証と根保証
保証には、被保証債務が特定されているもの（特定保証）と、将来増減する不特定の債務を包括的に保証する根保証契約がある。金融機関の徴求する保証には、根保証契約が多用されている。

(3) 損害填補（担保）契約

損害填補契約とは、一定の事業等から将来受けるかもしれない損害を賠償することを、あらかじめ約束する契約であり、保証に類似しているが、付従性、補充性がない点で、保証とは異なる。契約上、損害額を確定させたうえでなければ、その填補を要求することができないことが多い。

4 保証取得時の留意点

保証人を求める際には、保証能力、権利能力や行為能力、保証意思を十分に調査・確認することが必要である。

(1) 保証人の資力の調査

保証人は、原則として、保証債務を履行するに足る資力を有していることを要する。この場合の資力とは、現在のそれではなく将来の資力であり、それを予測して履行の可能性を判断する。

また、資力とは、保証人の有する総資産から負債を控除した純資産（実資力）を意味する。この資産や負債の調査については、登記簿等で確認できる不動産は別にして、預金、有価証券、借入れ等の状況などは、本人からのヒアリングや残高証明の提示を求めるなどの方法で行うので、相手の協力が必要である。場合によっては、信用調査機関など外部の調査機関を利用する。

将来の資力を予測するには、保証人の収入状況の源泉、推移およびその安定性をみる必要があるが、その確認に際しては、所得税の最近の確定申告書控えや源泉徴収票あるいは年金支給通知書の提出を求める。

(2) 保証人の権利能力、行為能力の確認

個人保証の場合は、保証人の行為能力の有無を確認する。保証人が未成年者やその他の制限能力者（成年被後見人、被保佐人、被補助人）である場合

は、法定代理人（親権者や後見人）、成年後見人、保佐人、補助人の同意を取り付ける必要がある。高齢者の保証人の場合も、正常な判断能力を有していることの確認が重要で、必要に応じて任意後見人の有無を確かめ、親族や関係者の立会いを求めて保証手続を行う。この場合、保証契約を結んだときの状況を詳しく記録に残し、後日の紛争発生時に備えることも必要である。

法人保証の場合は、それが法人の権利能力の範囲内であることが必要で、定款の内容や代表権限ある者の行為であることの確認をするほか、取締役会等の承認事項該当の有無、利益相反行為の有無などを調査する。

(3) 保証意思の確認

第三者の担保提供の場合と同様、個人保証人の保証意思の確認は、保証を取得する際の必須の要件である。

保証意思の確認においては、当人との直接面談により、保証の趣旨や内容、特に最悪シナリオの場合の保証人に求められる債務履行の内容を十分説明し、了解を取り付けることが必要である。具体的には、保証書は金融機関の職員の面前での自署捺印により作成し、保証金額や日付、保証期限（元本確定期日）等の重要事項も自署してもらう。前記の説明を実施したことの証として、保証書の写しを保証人へ手交し、その受領書を受け取っておく。サービスのつもりで金融機関の職員が重要事項等の記入を代行するような行為は、後日紛争が起こった際に、勝手に書類をつくられて一方的に署名を強要されたという相手方の抗弁に一応の根拠を与えることになりかねないので、絶対に避けるべきである。

5　経営者以外の第三者個人保証

個人保証人となる者は、法人債務者の場合は経営者、個人債務者の場合は家族・親族で資産的背景のある者または法定相続人が一般的であり、債務者

との関係が薄い者や保証することに合理的な理由がない不自然な者（著名人など）の保証は適切ではない。

　経営者以外の第三者個人保証については、副次的な信用補完や経営者のモラル確保のための機能がある一方、直接的な経営責任がない第三者に債務者と同等の保証債務を負わせることの適切性を問う指摘もあり、金融庁は、平成26年2月から適用を開始した主要行向け及び中小・地域金融機関向けの「総合的な監督指針」において、金融機関に対し経営者以外の第三者に個人連帯保証を求めないことを原則とする方針の策定等を要請している。ただし例外として、中小企業庁「信用保証協会における第三者保証人徴求の原則禁止について」が示す類型に準じた下記の3類型については、「特別の事情がある場合」として、経営者以外の第三者個人保証を求めることができるものとしている。

① 　実質的な経営権を有している者、営業許可名義人または経営者本人の配偶者（経営者本人とともに当該事業に従事する配偶者に限る）が連帯保証人となる場合
② 　経営者本人の健康上の理由のため、事業承継予定者が連帯保証人となる場合
③ 　財務内容その他の経営の状況を総合的に判断し、通常考えられる融資のリスク許容額を超える融資依頼がある場合であって、当該事業の協力者や支援者から積極的に連帯保証の申出があった場合（協力者等が自発的に連帯保証の申出を行ったことが客観的に認められる場合に限る）

　これら3類型以外の場合であっても第三者個人保証が認められる余地はあると考えられるが、前記監督方針の趣旨を勘案すれば、債権保全上の必要性、当該第三者の経営への関与程度、主債務者との関係、保証金額の妥当性、第三者からの自発的申出の有無等の事情を考慮して、当該第三者保証に係る合理的理由の有無を慎重に判断すべきである。この場合の保証契約者本人の自発的意思の確認等については、下記内容を記載した書面を作成のう

え、本人の自署・捺印を受けるべきであろう。
- 主債務者が金融機関に対して負担する債務について連帯保証契約を締結することが、契約者本人の自発的意思に基づくものであること。
- 主債務者の経営に実質的に関与していない場合であっても、契約者本人が保証債務を履行せざるをえない事態に陥る可能性があることについて、金融機関から特段の説明を受けたこと。

他方で、保証人の自署を取りさえすれば「特別の事情」の要件がクリアできるといった安易な運用は、前記監督方針の趣旨に適合しないと考えられる。

なお、改正予定の民法（債権法）の改正要綱では、事業経営に直接関係のない個人が、事業のために負担する貸金等債務を保証するに際しては、保証契約締結前1カ月以内に主債務の内容など所定の事項を記した公正証書を作成して、保証人があらかじめ保証意思を表示しておくことが義務づけられており、同法案の国会審議動向を見守る必要がある。

6 経営者保証に関するガイドライン

企業経営者に対し、金融機関が当該企業への融資に係る連帯保証を求めることは、特に中小企業相手の場合には経営者に経営規律を求める目的もあり、半ば金融慣行として広く行われているが、経営者に過大な経済的負担を強いる結果となるマイナス面が指摘され、これまでさまざまな改善措置が講じられてきた。

その1つが次項7に述べる「貸金等根保証契約」制定に係る民法改正であるが、平成25年12月に策定された「経営者保証に関するガイドライン」（以下「GL」という）も、そうした措置の一環である。

本GLは、日本商工会議所と全国銀行協会が共同で策定した自主的・自律的準則で、法的な拘束力をもつものではないが、中小企業経営者に過度の保

証債務負担を課して、経営者個人の経済的再生等を妨げることのないよう、中小企業、経営者および金融機関が自発的に尊重・遵守することが期待されている。

本GLの対象となる保証人は、主債務者企業の経営者のほか、前記5に掲げた実質的に経営権を有している者等の3類型に該当する者も含まれる。

GLが示す経営者保証の在り方についての概要は、以下のとおりである。

(1) 保証契約締結時の対応

主債務者において、ⅰ)法人・個人の一体性の解消と体制整備が図られており、法人と経営者間の資金のやりとりが社会通念上適切とされる範囲を超えていないこと、ⅱ)法人のみの収益力で借入返済が可能と判断しうること、ⅲ)法人から適時適切に財務情報等が提供されていること、ⅳ)金融機関が必要と考える場合に経営者等から十分な物的担保の提供があることの要件が、将来にわたり充足すると見込まれるときは、金融機関は、経営者保証を求めない可能性や、停止条件・解除条件付きの保証契約、ABLの活用、金利の一定上乗せなど経営者保証機能を代替する融資手法の活用可能性を検討するものとする。なお、これらⅰ)からⅳ)に掲げる要件は、そのすべての充足が求められるものではなく、個別の事案ごとに要件の充足状況を勘案するものとされている。

これらの検討の結果、経営者保証が必要であると判断し保証契約を締結するにあたっては、金融機関は、主債務者および保証人（経営者）に対して、保証契約の必要性、変更・解除の可能性、適切な保証金額の設定などにつき、具体的かつ丁寧に説明する。また、保証債務の整理に際しては、ⅰ)保証履行請求額は一定の基準日（たとえば期限の利益喪失日）における保証人の資産の範囲内とし、基準日以降の収入を含まないこと、ⅱ)保証人が保証履行時の資産状況を説明し、保証履行請求額を履行請求時の保証人の資産の範囲内とすること（ただし、後刻保証人の説明した資産状況の内容に相違が判明し

たときは、融資慣行等に基づき保証債務額が復活するものとする）、といった適切な対応を誠実に実施する旨を保証契約に規定する。

(2) 保証債務履行時の対応

　保証人から本GLに基づく保証債務整理の申出を受け、金融機関としてもそれに一定の経済合理性を認める場合には、破産法上の自由財産（99万円）に加えて、経営者の安定した事業継続や新事業開始、生活再建等のため、一定期間の生計費や華美でない自宅等を残存資産とすることを検討する。ただし、GL適用の前提として支援専門家の選任が必要である。支援専門家とは、原則として、公認会計士、税理士、弁護士などの認定支援機関（中小企業競争力強化法に基づき中小企業再生支援業務を行う者として認定を受けた者）や各都道府県にある中小企業再生支援協議会をいう。

　この点については、中小企業庁から「中小企業再生支援協議会等の支援による経営者保証に関するガイドラインに基づく保証債務の整理手順」および「同Ｑ＆Ａ」（平成27年４月20日付）が公表されており、参照されたい。

(3) 既存の保証契約の適切な見直し

　主債務者の経営改善が達成されたこと等によって、既存の保証契約の解除等の申入れがあった場合は、GLの「保証を求めない可能性、経営者保証の機能を代替する融資手法を活用する可能性」の条項に即して、また、保証契約の変更等の申入れがあった場合は、申入れの内容に応じ、GLの「保証契約の必要性等に関する丁寧かつ具体的な説明、適切な保証金額の設定」の条項に即して、あらためて保証の必要性等を検討し、その結果を主債務者および保証人に対して丁寧かつ具体的に説明することとされている。

(4) 事業承継時の対応

　事業の承継時には、当然に保証契約を後継者に引き継がせるのではなく、

主債務者、後継者から必要な情報開示を受けたうえで、あらためて保証契約の必要性等を検討する。

前経営者から保証契約の解除を求められた場合は、前経営者が引き続き実質的な経営権・支配権を有しているか、当該保証契約以外の手段による既存債権の保全状況、主債務者の資産・収益力による借入返済能力等を勘案しつつ、保証解除について適切に判断する。

7 貸金等根保証契約

平成16年の民法改正では保証制度の大きな改正が行われ、平成17年4月より施行された。保証契約はすべて書面で行われるべきこととされたほか（民法446条2項）、従来の包括根保証に係る保証人を保護するために法的規制が設けられた。すなわち「貸金等根保証契約」に係る規定であり、民法465条の2以下に定めが置かれている。

(1) 包括根保証制度に係る批判

根保証契約のうち、保証期間や保証限度額の定めがない「包括根保証」と呼ばれるものは、これまで中小企業向け融資に係る企業経営者の保証等に多用されてきたが、個別債権の保証や限定根保証（保証期間や保証限度額が有限のもの）と比べて、保証人の負う責任が重すぎ、ひとたび保証履行を迫られると保証人の経済的再建のチャンスが著しく阻害されるという批判が強くなされていた。過去の裁判例では、包括根保証人の責任を制限するものも存在するが、それはあくまでも個別案件に係る判断であり、法的安定性の点で必ずしも十分とはいえないものであったので、平成16年の改正において、包括根保証契約に法的規制を設けることとされたものである。

その主な規制内容は、根保証契約のうち貸金等根保証契約については、保証極度額を定めることを要し、かつ、最長5年の範囲内で元本確定期日を定

めるべきこととされた点である。

(2) 貸金等根保証契約とは何か

「貸金等根保証契約」とは、「不特定の債務を主債務たる債務とする保証契約（以下「根保証契約」という。）であってその債務の範囲に金銭の貸渡し又は手形の割引を受けることによって負担する債務……が含まれるもの（保証人が法人であるものを除く。……）」（民法465条の2第1項）と定義されている。

ここで、主債務の範囲に貸金等債務（金銭の貸渡しまたは手形の割引を受けることにより負担する債務）が含まれるという要件は、根保証契約における主債務に貸金等債務が規定されているという意味である。つまり、根保証契約における主債務の範囲に貸金等債務が含まれていれば、貸金等根保証契約に該当すると判断される。現に保証履行請求時点で貸金等債務が含まれているか否かは、この該当性の判断に影響を及ぼさない。

また、ここでは保証人が個人である根保証契約に限定され、法人保証は対象外とされている。ただし、法人が保証人であっても、その求償権について個人が保証人となっている場合には、主債務の保証契約に貸金等根保証契約と同様の規定がなければならない（民法465条の5）。

貸金等根保証契約に該当する場合、極度額を書面で定めなければ、その保証契約は無効となり（民法465条の2第2項・3項）、また元本確定期日の制約も受ける。

(3) 貸金等根保証契約における極度額の定め

貸金等根保証契約においては、保証の極度額を定めなければ効力を生じないものとされた（民法465条の2第2項）。この極度額は、根抵当権における極度額と同様、債権極度である。

極度額は、保証契約の締結時に、一定の金額をもって定めることを要する。したがって、「主債務の7割」というような定め方は無効である。

また、極度額の定めは、保証書面で、あるいは電磁的記録によってなされる必要がある。保証書の別冊において極度額が定められている場合の有効性について、法は明文の規定を置いていないが、法の趣旨に照らせば、極度額は1通の書面上に記載されることが基本であり、それが困難な合理的理由がある場合には1通でなくとも直ちに無効とはされないものの、保証書本体と一体性が確保できる態様でなければならないと解される。

　極度額の変更については、保証人との間で合意が成立していれば有効である。

(4) 元本確定期日の定め

　包括根保証契約には期限の定めがないために、契約が長期間に及ぶ場合の保証人の負担が予想以上になる懸念が問題点として指摘されていた。それに対処するため、貸金等根保証契約においては「元本確定期日」を定めるべきこととされた（民法465条の3）。

　元本確定期日とは、当該期日の到来をもって、保証債務の対象である主債務の元本が確定する日であり（民法465条の3第1項）、保証期限に相当する。ただし、元本の確定時点は確定期日の到来時であり、その日の午前零時における主債務の額が保証債務の対象元本として確定する。つまり、元本確定期日当日に実行した融資は、保証の対象外となるので注意を要する。

　元本確定期日は、最長で契約日から5年とされ、それを超える日を確定期日とした場合には、その規定は無効となる（民法465条の3第1項）。元本確定期日の定めがない場合には、契約締結日から3年を経過する日が元本確定期日となり（同条2項）、5年を超える日を確定期日としたためにその規定が無効となった場合も同様である（同項かっこ書）。

　元本確定期日は、契約締結時に具体的な日付をもって書面あるいは電磁的記録で定める必要がある。ただし、契約日から3年以内の日を期日とする場合には、書面等で定めなくともよい（民法465条の3第4項かっこ書）。

なお、確定期日の定めがない場合で、「契約締結日から3年を経過する日」が確定期日となるときの期日の定め方は、起算日は初日不算入で契約日の翌日からとなり（民法140条）、起算日の応答日の前日が期間満了日となる（同143条2項）。

元本確定期日は、債権者と保証人間の合意によって、後日これを変更することが可能である。ただし、新たな元本確定期日は、原則として変更契約日から5年以内としなければならない。また、自動更新条項については無効と解される。

(5) 元本確定事由

改正民法では、契約締結後の大幅な事情変更に当たる一定事由に該当する場合には、根保証人が解約権の行使をするまでもなく、法律上当然に元本確定効果が生ずる旨を規定している。

具体的には、次の3項目が法定確定事由とされている（民法465条の4）。

① 強制執行等の申立て

債権者が、主債務者または保証人の財産に対して金銭債権についての強制執行または担保権の実行を申し立てたときは、元本は確定する。ただし、仮差押えはこれに該当しない。

② 破産手続開始決定

主債務者または保証人に破産手続開始決定があったときは、元本は確定する。

③ 主債務者または保証人の死亡

また、債権者側からの確定請求の可否については規定がないが、少なくとも契約書にその旨の規定が設けられている場合には、その効力は認められると解される。

第 5 節

与信取引に関する顧客への説明態勢

　金融庁は、「主要行等向けの総合的な監督指針」あるいは「中小・地域金融機関向けの総合的な監督指針」において、銀行法の規定に基づき、各金融機関に対して、与信取引に関する顧客への説明態勢を整備することを求めている。

　金融機関の組織的な取組態勢としては、顧客への説明態勢に関する内部管理態勢の確立に関し、取締役会の機能が発揮され、社内規定等の作成や社内研修態勢の構築が行われていることが必要とされている。

　顧客との与信取引に係る契約等の時点における説明としては、契約の意思形成のために、顧客の十分な理解を得ることを目的として、必要な情報を的確に提供していることが必要とされている。具体的内容は、次のとおりである。

　まず、個人保証契約について、保証人をして、保証債務を負担するという意思を形成せしめるだけでなく、その保証債務が実行されることで自らが責任を負担することを受容する意思を形成せしめるに足る説明が必要とされている。たとえば、保証契約の形式的内容の説明にとどまらず、保証行為の法的効果とリスクについて、最悪のシナリオ、すなわち実際に保証債務を履行せざるをえない事態を想定した説明を行う必要がある。また、必要に応じて保証人から、この説明を受けた旨の確認を取り付けることも必要とされている。

　また、顧客から説明を求められたときは、与信取引に係る契約締結の客観的合理的理由についても説明を行い、顧客の理解と納得を得て事後の紛争等を未然に防止する態勢が求められる。たとえば、貸付契約においては、貸付

金額、金利、返済条件、期限の利益の喪失事由、財務制限条項（コベナンツ）等の契約内容について、顧客の知識や経験、財産の状況を踏まえた契約締結の客観的合理的理由を説明する。担保設定契約においては、極度額等の契約内容について、担保提供者の知識、経験および財産の状況を踏まえて同様の説明をする。あるいは、企業経営に実質的に関与していない第三者に保証を求める場合には、保証人の立場、主債務者や他の保証人との関係等を踏まえて、その保証人との間で保証契約を結ぶ理由を説明する。

このほか、契約の意思確認についても明確に行うべきことが重視され、また、金融機関が融資実行の決定をする前に、顧客に対して「融資は確実」と誤認させる不適切な説明をしないよう強調されている。

また、各金融機関は、健全な融資慣行の確立に努めるべきであるが、それは必ずしも担保や保証に頼ることを意味せず、融資先の経営状況、資金使途、回収可能性等を総合的に判断して行うべきことを認識し、「事業からのキャッシュフローを重視して、担保・保証に過度に依存しない融資の促進を図る」「第三者保証の利用にあたっては過度なものにならないようにする」との観点から対応すべきものとされている。

さらに、融資先との取引関係の見直し等を行う場合の説明については、金融機関としての営業上の判断に即した本来の説明を的確に行うべきものとされ、契約締結後の金利の見直し、返済条件の変更、担保の追加設定や解除などの場合や、顧客の要望を謝絶する場合などにおいては、顧客の知識、経験、財産の状況に応じて顧客の理解と納得を得るための説明を行うことが求められている。

第7章

融資稟議

　融資において「稟議」とは、金融機関の融資取上げ意思を決定するプロセスとして不可欠の手続である。
　融資が取り上げられるか否かは、融資先の状況もさることながら稟議システムによるところも大きい。せっかくの優良案件であっても、要を得ない稟議であれば決裁を受けられず、また、タイミングを失した稟議では顧客のニーズに応えられない。
　本章では、稟議の機能、稟議の仕方、稟議上の留意点等について解説する。

第 1 節

融資稟議制度の役割

1　融資稟議制度とは

　稟議制度とは、ある案件に1つの結論を導き出すために、担当者がその案件の内容説明と決裁を得たい結論を起案し、関係者に諮って意見集約を行ったうえで、決裁権限を有する者（決裁者）の判断を仰ぐ手続である。また、稟議のために起案される書類を「稟議書」という。

　金融機関の融資案件の取上げ可否の決定は、この稟議制度により行われる。この仕組みは、結論が出るまで時間がかかるという欠点はあるが、1人の人物の独断を排し、広く衆議を集めて判断の誤りなきを期すことができる優れたシステムで、金融機関の信用と収益に多大な影響を及ぼす融資判断には不可欠のツールといえる。

2　融資稟議制度の意義と目的

　融資稟議においては、担当者が稟議書を用いて、当該融資案件についての具体的内容と、それを取り上げたい理由を説明し、その稟議書を「たたき台」にして関係者が自分の意見を述べ、それらを参考にして決裁者が結論を下す。この過程で、担当者の思い込みや考えの至らない点が修正され、かつ決裁者の恣意的な判断が排除されて、誤りの少ない結論がもたらされる。ここに稟議制度の意義があり、融資案件の取上げ可否判断において極力適切な結論を得ることがその目的といえる。

　担当者等が、対象先の高成長や技術面の優秀さ、看板、人脈、系列関係な

どを過大に評価して常識的な判断ができなくなることを排除し、経験豊富な関係者の職業的な勘や知恵を活用できること、あるいは先入観による判断を防ぐことができるなど、稟議制度による融資判断のメリットは大きい。

3 稟議書の機能

　稟議書の果たす機能としては、意思決定機能、記録機能、意思伝達機能の3つがあげられるが、稟議制度の本質は「稟議書」という書類を介在させた意思決定システムにあり、したがって稟議書の本来的な機能は「意思決定機能」ということができる。

(1) 意思決定機能

　稟議制度においては、担当者、営業部店関係者、審査担当部関係者（審査役等）、決裁者など多数の者が、稟議書を媒介として意思決定に関与する。したがって稟議書には、意思決定のために必要にして十分な事項が、要領よく、かつ、もれなく記載されていることが求められる。すなわち、融資稟議書には、顧客の経営状況や将来性、融資案件の資金使途や返済能力の妥当性、債権保全状況、取引採算、他の金融機関の動向およびそれらを踏まえた営業部店の意見など、融資取上げの可否判断に必要な事項が、簡潔に、わかりやすく、具体的に記載されていなければならない。融資稟議を意義あるものとするには、この機能が十分に発揮できるように、審査担当部を含む稟議関係者が工夫し協力する必要がある。

(2) 記録機能

　稟議書には、稟議の過程が記録された文書としての記録機能がある。金融機関の融資稟議書においては、融資案件の詳細な説明が文書として残り、その案件の採否を決定する過程で、関係者が述べた意見があわせて記録として

残されることに重要な意味がある。営業部店における事前稟議書（後述）も記録文書として重要であり、審査役など審査担当部の関係者が稟議書に付した意見も、融資案件稟議の結論が導き出されたプロセスを示す重要な文書である。株主代表訴訟などで、融資の取上げ判断が適切に行われていたかということが後日問題となるケースもあり、その場合は融資稟議書が証拠書類として採用される可能性があるため、稟議書の記録機能の重要性は増大している。

また、数年間にわたる同一融資先に係る融資稟議書は、その融資先の情報が時系列的に網羅されたものといえる。不幸にして当該融資の全部または一部が回収不能となった場合に、融資取上げ判断に誤りがなかったか否かを検証する際には、残された稟議書が重要な役割を果たす。逆にいえば、文書として残されていない稟議は、その機能が十分に生かされないことになる。

(3) 意思伝達機能

稟議書のもつ付属的機能として、意思伝達機能があげられる。決裁を受けた稟議書を関係セクションに回付することによって、当該案件に対する理解を求め融資実行をスムーズに進めるという機能のほか、稟議書を諮問手段として他部署へ回付し、営業部店や審査担当部のみでは解明しきれない問題点のチェック・検討を行うという機能もある。

4 よい稟議のための基本姿勢

融資稟議は実のあるものでなければならず、決して形骸化してはならない。それには、後述の営業部店内の事前稟議をしっかりと実施することが大切である。時間的な余裕がある稟議を心がけ、関係者の忌憚のない意見を集約し、問題点があればそれに対する営業部店の対策を明確にする。さらに取引方針との整合性を勘案したうえで、融資案件に対する営業部店内の対応方

針をまとめる。これがよい稟議の基本姿勢である。

　稟議書自体は業務書類であるから、ことさら上辺を飾る必要はなく、起案者の伝えたい内容が間違いなく相手に届くものであればよい。また、内容的には満点でも起案のタイミングを失した稟議書は顧客のニーズに応えられないので落第であり、70点程度の出来であってもスピーディな起案を心がけるべきである。

第 2 節

融資稟議の仕組みとプロセス

1 融資稟議の仕組み

(1) 融資稟議の当事者

　融資稟議の当事者は、稟議起案者である担当者、意見を求められる営業部店の融資担当役席や渉外担当などの関係者、営業部店の部店長および次席者、審査担当部の審査役等本部関係者、そして決裁者である。ただし、営業部店長に決裁権限が委譲されている場合は、決裁者である部店長止まりとなる。

　融資審査の観点からいえば、稟議起案者である担当者以外の者は、稟議書を通じて当該融資案件の審査に参加し、融資取上げの可否判断を行う立場にある。したがって、それら稟議関係者の役割は単に稟議書を点検するということではなく、積極的に融資案件を審査し、決裁者の最終判断をサポートするという姿勢が求められる。

　起案者は、融資案件の判断に必要なデータや資料を過不足なく提供するとともに、その案件取上げについての自分の意見をはっきりと述べる。融資稟議は担当者の起案した稟議書をたたき台にして進められるので、案件内容の説明や担当者意見があやふやなものであれば、スムーズな稟議はできなくなる。担当者の稟議書の起案力が重視されるゆえんである。

　営業部店の稟議関係者は、その案件に対する自分の審査意見を忌憚なく表明する。担当者の見解に誤認や不十分な点があったり、自分がもっている情報や顧客認識との食い違いがあったりすれば、遠慮なくその点を指摘し修正を求める。融資取上げに賛成できない場合には、反対意見をはっきりと申し

述べる。決裁者の意向や担当者の立場を忖度（そんたく）して、意見を差し控えるような態度は避けるべきである。

審査担当部の審査役など本部の関係者は、営業部店の融資取上げ意見につき、それがクレジット・ポリシーや融資政策、融資業務方針等に照らして整合しているかどうか、営業部店の見解等に合理性があるか、問題点の対応方針に納得性があるかなど、営業部店とは別の視点から融資案件取上げの可否を判断し、独自に意見を付する。

決裁者は、担当者や関係者の審査意見を踏まえ、さらに自分の見解を加えて、案件取上げの可否を判断し結論を下す。ただし、決裁者といえども他の関係者の意見を無視した判断をすることは、稟議制度の趣旨を逸脱した行為であり慎まなければならない。

(2) 決裁権限

融資稟議に係る決裁権限を有する者は、融資金額、保全条件などに応じて、各金融機関の実情によりあらかじめ決定されている。

融資案件は、原則として本部審査担当部を通じた決裁（本部決裁）となるが、顧客へのクイック・レスポンスと事務手続上の利便のため、融資金額、保全条件、融資期間が一定基準以下のものは、決裁権限が営業部店長に委ねられることが多い。これが部店長決裁（部店内稟議）と呼ばれるものである。

部店長決裁では、稟議当事者間で口頭での協議機会も多く、顧客情報のうちで自明のものは稟議書への記載が省略される傾向があるが、いきすぎた省略は稟議書の記録機能を害するおそれがある。また部店長決裁案件は、ともすれば安易な稟議に陥るおそれがあるが、本部審査担当部のサポートが得られないことを勘案すれば、案件の審査・判断はより慎重に行うべきである。

本部決裁も部店長決裁も、稟議自体は本質的に同じであるが、本部決裁においては完全な書類審査となり、営業部店では自明のこととされている顧客情報や案件折衝の細かいニュアンスは伝わりにくい。したがって、本部稟議

に際しては、稟議書に顧客実態、資金使途、返済能力、営業部店意見をはっきりと記載し、稟議がスムーズに流れるように心がけることが肝要である。

2　融資稟議のプロセス

　融資の申込受付から融資稟議を経て融資の実行・回収までの事務手続の流れを図示すると、図表7-1のフローチャートのようになる。このうち鎖線で囲んだ部分が稟議システムに該当する。すなわち、事前稟議から正式稟議を経て決裁を得る段階までが、稟議のプロセスである。ただし担当者にとっては、融資案件の内容を吟味し、事前稟議をまとめる準備段階から、実質的な稟議プロセスがスタートする。

　事前稟議は、次に述べるように、稟議プロセスにおいて重要な位置を占める。これがしっかりとできていれば、正式稟議は形式的にすんでしまうといってもよい。そして、よりよい事前稟議書の起案には、その前の顧客折衝段階での準備作業が重要である。

　よい稟議書を仕上げるコツは、顧客折衝段階で、いかにして稟議に利用できる有益な情報を聞き出すかにかかっている。資金使途に応じてあらかじめ質問事項を整理しておき、顧客の回答と手元の財務諸表や取引データの指標とを照合させながら、案件内容の妥当性をチェックする。食い違いなど問題点があれば、原因を究明し顧客の反応や対応ぶりを確かめる。顧客との具体的な折衝に裏打ちされた自信にあふれた稟議書は、読む側にもその迫力が伝わり、納得性が高まるものである。

3　事前稟議

(1)　事前稟議の意義

　事前稟議とは、申込みを受けた融資案件につき、担当者が正式稟議に先

【図表7—1】 融資申込受付から実行・回収までのフローチャート

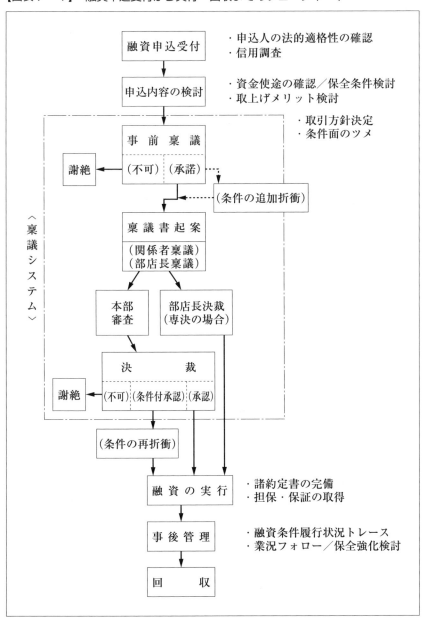

立って忌憚のない部店内の意見を集約し、あるいは一次折衝の不備を補い、それを通じてその案件に係る営業部店の意向を決定する、稟議制度の1つのプロセスである。このプロセスは、担当者がその融資案件をどのように取り上げるかを検討する稟議起案の構想段階と、実際に事前稟議書を起案して部店内の意見等を集約する稟議段階とに分けることができる。

　起案構想段階の主眼は、その融資案件に対して、取上げ方針で臨むか、それとも謝絶方針とするかという、稟議の基本的スタンスの決定にある。ここで、仮に謝絶方針としたい案件であっても、担当者段階で勝手に結論を出し、稟議を省略するようなことは好ましくない。その場合も事前稟議を通じて、営業部店として謝絶の結論を出し、顧客に対し丁寧に回答すべきである。融資の謝絶は後でトラブルに発展する可能性があり、その際に担当者だけが追い込まれる事態を避け、全店的な対応ができるようにしておく必要があるからである。

　その案件が対顧客取引方針と整合しており、取上げ方針で検討することになれば、担当者は、顧客との折衝段階から稟議書起案を念頭に置き、当該案件の仕上げをイメージしながら稟議の下準備を進める。その過程で、融資の形態、融資期間、返済条件、金利、保全条件など融資の骨格が決定され、稟議の説明シナリオが決まってくる。この段階をおざなりにしたまま稟議に入ると、後で何回も顧客との折衝のやり直しを繰り返すことになる。

　もとより事前稟議は仮の稟議であるから、形式にこだわる必要はなく、「与信メモ」「融資連絡書」というようなかたちで稟議し、関係者が自由に参加できることが望ましい。別の見方をすれば、部店内の関係者が、融資案件につき自由闊達に意見を述べ合う機会は、仮の稟議である事前稟議の場しかないといえる。したがって、事前稟議は正式な稟議に比べて実質的な稟議であるという側面をもつ。特に部店長決裁案件においては、事前稟議段階で事実上の決裁が行われ、後は形式を整えて正式稟議をしておくだけというケースが普通である。本部決裁案件の場合でも、事前稟議段階で問題点や部店内

の対応方針、取上げ意見などを十分検討し、その結果を正式稟議書にまとめあげる。正式稟議書は、部店長や関係者の捺印のみがなされ、個々の意見は付されない形式的なものが一般的である。正式稟議が形骸化しすぎることには問題があるが、融資案件の稟議システムにおいては、事前稟議が実質的な稟議の場になっていることは確かである。

　さて、事前稟議には特定の形式が求められることはないが、あまりに簡略化しすぎたり、おざなりな稟議に陥ったりすることは、稟議機能をないがしろにすることとなるので避けるべきである。時には、多忙を理由に口頭だけの稟議ですませるケースもあるが、その場合は後で必ずその内容を文書化し、関係者が確認のため捺印をすることが必要である。

(2) 内容のある稟議

　前述のとおり、事前稟議においては形式的な完璧さは要求されない。そのかわりに、稟議関係者が忌憚のない意見をたたかわせ、実のある内容とすることが求められる。

　担当者は、自ら折衝勧誘してきた融資案件につき、その案件を取り上げたい理由を明らかにしながら、融資内容を明瞭簡潔に起案する。稟議過程で関係者から疑問や問題点の指摘があれば、顧客サイドに立ってそれらに反論し、あるいは弁護することもある程度は許される。しかし、稟議を通そうとするあまり、事実を故意に隠したりごまかしたりするようなことは、いきすぎであり許されない。そこには、金融機関の職員としての節度が求められる。

　稟議の関係者は、それぞれの立場から自分の意見や判断を率直に述べる。この段階で意見の対立があっても、それはそのまま稟議し、対立を表面化させないような小細工をしてはならない。稟議をスムーズに進めようとするあまり、裏工作やいきすぎた根回しをして、意見の対立を表面化させないようにすることは、稟議の意義を損なうことになる。

以上述べたような、担当者の起案内容ならびに関係者の忌憚のない意見を踏まえて、最後に部店長が事前稟議における総合的な判断を下す。意見対立がある場合は、それに部店長の考えを加味して、対立点を解消あるいは調整するための顧客折衝が指示されよう。問題点の指摘があれば、それをクリアするための追加折衝が必要になる。

　事前稟議は、担当者の起案した稟議書をたたき台にして、関係者が率直に意見を交わし、担当者の判断だけでは欠けている部分を補おうという趣旨のものでもあるから、担当者の起案した取引のねらいに沿って、よりよい対応策や解決策が提案されることも多く、場合によっては事前稟議を2度、3度と繰り返して、実利的な対応策をまとめあげることもある。

(3) 事前稟議の進め方

　事前稟議を進めるに際してのポイントは、タイミングとスピードである。融資の申込みを受けたら、直ちに必要な資料収集、ヒアリング、折衝を開始し、資金使途と返済財源の確認ができ取引のねらいが打ち出せると判断できた段階で起案に入る。金利など条件面で煮詰まっていない点があっても、顧客の申込内容と自分の判断を併記して稟議すればよい。

　稟議そのものにも時間がかからないようにする工夫が必要である。決裁者や関係者は多忙なので、極力、読みやすいポイントを押さえた起案を心がけ、関係者の理解が速やかに得られやすいような筆力を身につけたい。文章力に長けることは、融資稟議起案者として望ましい資質である。

第3節

稟議書起案の事前準備

1 資料の入手

　よい稟議書を起案するためには、適切な資料や情報の収集が不可欠である。稟議の起案に必要なデータを可能な限り集め、それらに基づき融資案件の内容を要領よくまとめた稟議書に仕上げることが大切で、貧弱な資料や情報に依存した稟議書や、必要なデータが欠落したまま推定で表面を糊塗したような稟議書では、稟議関係者や決裁者を納得させることはむずかしい。

　しかし、必要な資料がすべてすんなりと入手できるとは限らない。資料の入手に際して相手の拒否に会った場合には、あっさりと諦めず、その資料が必要な理由や永続的な取引のためにはぜひとも入用な旨を説明し、繰り返し誠意をもって交渉すべきであるが、どうしても入手困難な場合は、不足の情報を顧客や関係者からのヒアリングで補うことになる（後記2参照）。ただし、ひとたび資料等の提供拒否を簡単に認めると、次回以後も提供を受けられないおそれがあるので、このあたりは粘り強い交渉が必要である。その一方、融資案件審査に必要な資料や情報の提供を合理的な理由もなく渋る顧客は、今後の円滑な融資取引の継続に難点があるというべきであり、融資取引先としての適正さに欠けるといえよう。

　また、必要な資料の提供依頼は、極力一度ですませたいものである。何度も追加的に資料提供を求めることは、相手に不必要な手間をかけさせるのみならず、担当者の稟議の力量の貧弱さを見透かされることにもなる。

　融資稟議に役立つ資料等としては、以下のようなものがあげられよう。

(1) 会社案内・経歴書

　企業が自社の PR 用に作成している「会社案内」や「経歴書」は、特に新規先の融資稟議の際にはぜひ入手したい資料である。そこには、企業の経歴、沿革、規模（資本金、売上高、営業拠点、従業員数等）、株主、経営スタッフ、組織、経営方針、主要顧客等の営業基盤、設備の状況、関連会社などがわかりやすくまとめられている。もとより宣伝用の資料であり、企業にとって都合の悪いことは最初から除外され、反対に長所等は誇張されて記載されていることが多く、その点は割り引いて判断する必要があるが、企業のプロフィールを大づかみするには便利な資料である。特に、取扱製商品やサービスの内容、設備や技術の水準を理解するには重宝する。また、企業がターゲットにしている顧客層、営業基盤、経営スタッフや従業員の年齢構成や配置状況、系列の有無などを把握するには、有用なものである。しかし、売上高、営業実績、財務状況などは他のデータで検証する必要がある。

(2) 財務諸表

　顧客の財務状態を調査分析するうえで、企業の決算内容を示す数期間にわたる財務諸表は、なくてはならない資料である。中心となるものは貸借対照表と損益計算書であるが、中小企業の作成するこれらの書類には、各記載項目が大幅に簡略化されているものがあるので、その際は資産明細の添付された税務申告用の決算書の写しの提出を求める。

(3) 資金繰表

　融資案件の資金使途を検証するために必要な資料が資金繰表である。これには企業の資金の流れが網羅され、資金の過不足の発生過程とその補填状況等が読み取れるので、資金需要の妥当性や返済財源をチェックするには必須の資料であるが、資金繰表は企業が内部データに基づいて作成するものであり、金融機関は企業にその提出を求めることになる。

資金繰表は、このように重要で便利な資料であるが、残念ながら、特に中小企業の場合には、それを作成していないケースやきわめて不備の多いものしか作成されていないケースが多いものである。したがって融資担当者としては、資金繰表の仕組みを熟知したうえで、顧客との折衝を通じて必要な計数を聞き出し、自らそれを作成してみるテクニックを身につけることも必要である。

(4) 金融機関借入一覧表

顧客の信用度を判定するうえで、他の取引金融機関の動向は常に把握しておく必要がある。積極方針先はもちろん、現状維持や撤退方針先についても、他行、特に主力行や準主力行の融資取引状況は時系列的に把握して、その取引方針の変化を検証することが重要である。

(5) 資金の投資計画書

設備投資や関連事業投資等の際に企業が作成する投資計画書は、必ず提出を求めチェックすべき資料である。投資目的、効果、資金調達・返済計画等を検証し、不明瞭な点があれば、さらに詳しい資料の提出を求める。

長期の資金投入は、企業にとっても経営リスクが大きいものであり、良識ある経営者であればそれについての金融機関の意見を聞きたいものであるから、たとえ自行が借入先になっていなくとも、遠慮せずに説明を求めるべきであろう。

(6) 信用調査機関の情報など外部信用情報

企業から入手する資料のほかに、外部の情報源から企業の実態を把握することも重要である。信用調査機関による信用情報がその代表的なものであり、その内容がすべて完璧とはいえないにしても、顧客の経営状況の概要を客観的に把握するには有用なものである。

このほかの外部情報としては、顧客の仕入先や販売先から得られる情報、自行の調査部門を通じた業界情報、地域社会の経済的・社会的組織体から得られる地域情報などがあり、目的に応じて適宜利用すべきである。

2 ヒアリングによるデータ収集

(1) ヒアリングの重要性

融資稟議の起案にあたり、顧客から十分な資料の提供が受けられない、あるいは提供を受けた資料内容が不十分な場合で、顧客の実態や資金使途の把握に齟齬をきたすときには、そのギャップをヒアリング（問診）で補うことが必要になる。

たとえば、融資セールスの局面で一方的に相手に資料提供を求めても、満足のいくデータが集まるとは限らない。あるいは中小企業の場合、当方の求める水準を充足できる資料の作成をするだけの時間や能力が乏しいことも多い。また、入手した資料が顧客の真の姿を表しているとは限らず、その内容をチェックすることが必要な場合もある。ヒアリングはこのようなときに用いられるが、それを効果的に実施するには、担当者のヒアリング技術がものをいう。

ヒアリングは、一度の面談で十分な成果を得ようとしても無理がある。日常の企業訪問時の観察や折衝を通じて、融資判断に必要な事項や計数を把握する実践的な技術を身につけることである。

(2) 効果的ヒアリングのポイント

ヒアリングを効果的に行うためには、事前にひととおりの準備が必要である。

まず、入手できている資料やデータを整理・分析して、融資稟議を進めるうえで欠けている事項、もっと詳しく知りたい事柄、裏付をとりたい項目な

どを質問事項として抽出する。次いで、それらの事項を『業種別審査事典』（金融財政事情研究会）などを利用して、業界情報や動向との照合や同業他社計数との比較検討を行い、当該企業の経営内容に係る疑問点を集約し、聞き出すべきポイントを整理する。このようにして、要領よくヒアリングする手順を工夫するのである。

ヒアリングにあたっては、直接の折衝窓口である経理・財務部門のほか、極力、営業や購買スタッフ、工場の従業員などに声をかけ、売れ筋商品、稼働率、現場の問題意識等を聞き出す努力をする。経営者の人柄、従業員の資質、事務所の雰囲気なども顧客実態を把握するうえで重要な材料なので、経営スタッフの応対振り、考え方、財務面への関心度合い、従業員のしつけや執務態度、出入り客の状況、掲示物や黒板の記載内容、電話の会話などから、企業体質や活動状況を大づかみすることを心がける。

(3) ヒアリングのテクニック

ヒアリングを効果的に進めるテクニックを、いくつか紹介しよう。

a 「月商」をモノサシとして用いる

売上高は営業活動の基礎であり、ヒアリングではこれをベースにして必要な計数を聞き出すが、その基準としては「月商」をモノサシとして使うと好都合である。売上債権や棚卸資産は月商の何カ月分か、運転資金は何カ月分必要かなどというようにヒアリングしていけば、主要な資産負債額の把握がしやすく便利である。

b 威圧的態度は禁物

「融資稟議を進めるのに必要だから教えてくれ」というような態度では、相手も警戒して素直に応えてくれない。あくまでも相手の立場を尊重しながら、対等の立場で面談することを心がけ、必要な情報のスムーズな入手に努める。

c 相手の自尊心をくすぐる

必要以上に相手に媚びる必要はないが、相手の自尊心を適度にくすぐりな

がら、必要な事柄を聞き出すよう工夫する。中小企業の経営者等に対するときは、この点をよくわきまえておくべきである。

　d　ヒアリングの限界をわきまえる

　ヒアリングによって100％正確な数字を聞き出すことは無理であり、その限界をわきまえるべきである。完璧を期そうとするあまり尋問式のヒアリングになってしまうと、相手に不快感を与えることになり、効果的ヒアリングのためには、かえってマイナスになる。

　e　対象企業、経営者のレベルに合わせる

　教科書的な機械的ヒアリングは避け、企業規模、経営者の気質やレベルに合わせた臨機応変の対応方法を工夫する。

　f　一度にすべてを聞き出そうとしない

　一度に必要事項を根掘り葉掘り聞き出そうとすることは、相手にもよるがあまり得策とはいえない。時間的な余裕をもち、雑談を適度に交えながら、数度に分けて自然に聞き出すことがベストである。

3　付属書類の作成と活用

　稟議書を要領よくまとめるコツは、補足説明や参考データを付属書類としてわかりやすく作成し、それを有効に活用して、稟議書表面には必要事項を簡潔に記述することである。

　稟議の関係者は多忙なので、ダラダラとしまりのない説明を書き連ねるよりも、計数や資料で具体的に示すほうがはるかに理解を得られやすい。

　融資稟議起案の準備として、付属の資料や付表を何の目的でどのように作成するか、補足説明はどの程度付け加えるか等を吟味・検討し、付属書類によって顧客実態や融資案件の内容がより明確になるよう工夫することが肝要である。

第4節 稟議書起案の留意点

1 論旨の整理と組立て

　稟議書の起案に際しては、いきなりそれを書き始めるものではない。その前に十分、稟議書の構成や論理展開の筋道を組み立て、融資取上げに至る結論とその理由（取上げのねらい）までを展望したシナリオを練る。それがおおよそ固まったところで、起案に着手するのである。

　稟議書には、後述のように、営業部店の意見が明確に表明されていることが必要である。これが欠けているものは、融資申込みを単に取り次ぐだけの報告書にすぎず、稟議書とはいえない。起案にあたっては、事前稟議の結論を踏まえて、融資案件の資金使途や金額の妥当性を明らかにし、問題点があればその点を明瞭にしたうえで対応方針を立て、その融資取上げのねらいが具体的に説明できるように論点を整理し論旨を構築して、営業部店意見をまとめあげることが必要である。それには事前稟議がしっかりと行われていなければならず、内容のある事前稟議はよい稟議書を起案するための前提条件といえる。

2 融資稟議の3要件の記載

　融資稟議書の起案にあたって、必ずその内容を説明しなければならない項目が3つある。「融資稟議の3要件」といわれるもので、「資金使途と金額の妥当性」「問題点の有無」および「融資取上げのねらい」がそれである。これらの点が「営業部店意見」として明確に記述されていれば、その稟議書は

合格といえる。

以下に、3要件の記載における留意点を説明する。

(1) 資金使途と金額の妥当性

この項目は、融資案件の実態を検証する稟議の中核テーマというべき部分であり、以下のような手順で妥当性を検討する。

① 顧客の業況、業態、資金繰り状況を念頭に、資金使途のおおよその見当をつける。

② 申し込まれた資金使途の内容と実態とに食い違いがあれば、その原因を究明して顧客の対応（当方の質問に対する回答の納得性）をみる。

③ その結果を踏まえて自行の対応方針を検討する。

④ 当該融資案件に係る調達予定総額の妥当性を、資金使途自体、返済能力、金利負担能力の観点から検証する。

⑤ 融資申込金額の妥当性を、取引シェア、取引方針との整合性をもとに判断する。

⑥ 資金使途別では、次のような点をチェックする。

・経常運転資金：業況の悪化が隠されていないか。赤字化・渋滞化している資金負担はないか。正常な運転資金の範囲を逸脱した底溜りのコロガシ単名の長期シフト（約定返済による残高圧縮）はできないか。

・増加運転資金：発生要因の検証。

・季節資金：過年度実績比の妥当性。前回融資の返済状況。持越在庫の有無。市況変動や取引条件の変化の有無。

・決算・賞与資金：決算内容との整合性。利益処分姿勢の妥当性。他行との割振り。

・つなぎ資金：返済財源の確実性。発生要因の妥当性。

・設備資金：設備投資理由と効果。投資規模の適正さ。調達・返済能力。

・長期運転資金：実質的発生要因。調達額の妥当性。他行との割振り。返

済財源の確実性。

(2) 問題点の有無

　問題点の有無とは、資金使途や融資金額に疑問や問題が生じた場合に、それにどのように対応するかということである。

　問題点には、融資案件自体のそれと顧客や取引自体のそれとがある。表向きの資金使途と実態の使途との食い違い、後向き使途としての融資申込み、資金調達姿勢の問題点（長期性の資金を短期融資で調達するなど）、取引方針にそぐわない融資申込み、取引防衛上の理由で多少無理して取り上げたい案件、返済能力や金利負担能力の不足している案件などは前者であり、顧客の信用度の脆弱さ、保全状況の不安、取引採算（総合利回り）の低さ、遠隔地取引などは後者の問題点である。

　稟議書には、これらの問題点があればそれを隠すことなく指摘し、それに対する納得性のある対応策が施されていることを、明確に記述することが大切である。このあたりが曖昧な稟議書は、本部稟議においてもめることが必至であり、営業部店の融資姿勢が問われることになるので、十分に心する必要がある。

(3) 融資取上げのねらい

　ここでは、顧客との取引方針を念頭に置きながら、その融資案件を取り上げたいとする営業部店の取引のねらいを明らかにする。問題点があれば、それへの対応方針も踏まえて意見を表明する。下記の例のように、顧客との取引についての営業部店の方針が明確に打ち出されていることが必要である。

- 「取引採算に多少の問題はあるが、積極方針先として今回は申込みどおり応需し、他行の反応をみたい」
- 「代表者の個人預金取引を勘案すれば、本件取上げ金利は実質的な信用リスクをカバーしているものであり、申込みどおり応需したい」

3 記述姿勢

(1) 「正確に」「具体的に」「簡潔に」

　稟議書の記述は、正確、具体的、簡潔であることが求められる。

　稟議の起案において、虚偽の記述が排除されることは当然であるが、曖昧な表現、自信のない記述も避けなければならない。都合の悪いことを隠したり、無理につじつま合せをしたりするようなことも、稟議起案の基本姿勢にもとる行為である。稟議書は稟議関係者間のコミュニケーション手段であり、稟議の決裁は稟議書に記載された内容のみでなされるのであるから、その判断を妨げるような記述姿勢は、厳しく排除されなければならない。

　また、稟議書の記述は具体的であることを要する。抽象的な説明をいくら長々と続けても、読む人に訴えるものは少ない。計数的な裏付となる具体的な資料を示して、理詰めで納得性のある説明を心がけるべきである。

　記述姿勢の第3のポイントは、簡潔さということである。稟議書の記載内容は、必要にして十分なものであればよく、冗長な記述は無益である。稟議書面の記述は要点の箇条書きに徹し、詳細な説明は付属の補足説明書で補うよう工夫する。ただし、いっさいの説明が付属書類でなされ、稟議書面を読むだけでは稟議の趣旨がわからないようなものも困る。最低限の要点が稟議書面に盛られており、決裁者や関係者が斜め読みをしても、おおよそ稟議の趣旨が理解できるようなものが望ましいのである。

(2) 文章力に長けること

　稟議書の起案は、融資業務担当者の日常業務の一部であり、特別な仕事ではない。それゆえ稟議書を上手に仕上げるには、「習うより慣れろ」で、はじめは先輩の書いたものを手本にしながら、実地に経験を積み重ねて技術を習得するほかはない。起案の技術をいくら理屈で理解しても、実践でそれを活用できなければ意味がないからである。

融資業務担当者には、単に稟議起案のためだけでなく、業務のあらゆる場面で短時間に適切な報告書類を仕上げる能力が求められる。したがって文章を書くことが苦手では、いくら折衝能力が優れていても、それを十分に生かすことができない。文章力に長けることは、融資業務担当者にとって必須の要件といえよう。

4　営業部店意見の記載

　稟議書において、「営業部店意見」欄は稟議の中枢部分であり、その融資案件に対する営業部店としての結論である。その他の各欄の記載は、極言すれば顧客の申込内容の取次部分にすぎず、そこに営業部店意見が付されることにより、はじめて稟議書がその意味をもつことになるのである。

　「営業部店意見」欄には、前記の融資稟議の3要件を的確に集約し、簡潔に記載する。しかし、稟議書の限られたスペースに、むやみにたくさんの内容を盛り込もうとしても、焦点のぼけたわかりにくいものになるだけなので、記載内容は極力絞り込み、短いが的確な表現を心がけるなど、意見のまとめ方を工夫する必要がある。

第 5 節

稟議書の電子情報化

1 パソコンによる稟議書起案

　金融機関事務のシステム管理の進展に伴い、最近は融資稟議の分野でも、パソコンを利用した稟議書の起案作成、電子メールによる稟議書の回付および決裁確認が行われ、稟議システム自体が電子メール化される傾向にある。

　まず、稟議書の起案段階では、融資稟議書のフォームがシステムによってサポートされ、あらかじめ登録されている取引先については、取引先の属性や取引状況がアウトプットされたものが、必要に応じてパソコン端末からダウンロードできるようになってきている。起案者はそれだけ手間が省けることになるが、その半面、属性や取引状況の変化に注意していなければ、それらを見落とす危険性もある。

　一般的に、システム・サポート化はたしかに便利で、金融機関の事務の合理化には大変役立つものであるが、融資審査の面ではいくつかの問題をはらんでいる。

　たとえば、顧客の決算データのシステム管理化は、それまで手作業で行っていた取引先調書の作成および財務指標の算出を、システムが自動的に処理してくれるため、融資担当者はその結果のチェックだけをすればよいことになった。しかし、顧客の決算情報をパソコン端末を通じて入力する段階で情報に誤りがあったり不適切な入力処理が行われたりした場合、アウトプットされたデータは当然に実態と食い違うことになる。担当者のチェックが厳しく適切に行われているならば、この間違いは発見されるであろうが、チェックが甘いと間違いは見過ごされてしまう可能性が大きい。便利さは危険性と

背中合せであることを、しっかりと認識する必要があろう。またシステムによるサポートは、数字の裏に潜む企業実態を嗅ぎ取る担当者の業務上の「勘」の働きを鈍化させる危険がある。ベテランの審査マンが退職等で減っていく現在、彼らの有していた優れた技能をどのように継承し業務に生かしていくかということは、もっと真剣に検討されるべきであろう。

担当者が稟議書を起案する段階も、稟議書というペーパーに稟議内容を手書きするという作業にかわって、パソコン画面に表示された稟議書のフォームに必要事項を記入していくという、無機質な作業になっている。したがって手書きの場合に比べ、稟議の起案が機械的になる傾向は否めないであろう。このようになると、しっかりした事前稟議がますます重要になる。

2　稟議システムの電子メール化

パソコンによる稟議書起案に加えて、稟議システム自体を電子メールに載せて行う金融機関も増加している。その場合、紙ベースの稟議書は原則として存在せず、すべてパソコンによる電子メールの交換で稟議書の回付が行われる。

この場合、稟議関係者のパソコン操作の習熟度が必要なことは当然であるが、紙ベースの稟議書に比べて一覧性に欠けるという欠点がある。パソコン画面に1度に表示できるスペースは限られており、欠けている部分や数ページにわたる内容は、画面をスクロールするなどして読み取らなければならない。ボリュームのある稟議書の場合は、結局、紙に印刷してしまうことも多かろうが、稟議の関係者にとっては新たな手間が発生することになる。面倒がらず丹念にパソコン画面を操るか、紙に落としたうえで稟議内容をチェックすることが大切である。

文書のペーパレス化（電子記録化）や電子メールの利用は時代の流れとしても、融資稟議の場では必要に応じて紙ベースの稟議書を併用し、あるいは

決裁者以下の稟議関係者が一堂に会して合議を行うような仕組みを取り入れることも必要であろう。

3 審査担当部の場合

　稟議システムの電子メール化においては、本部稟議における審査担当部の適切な対応が求められる。それまでの紙ベースの稟議書にかわって、電子メールによる稟議書が回付されるのであるから、本部の稟議関係者にとっては、前記のように一覧性に欠ける稟議書を丹念に読み取らなければならないことになる。その欠点を補いスピーディな稟議を行うためには、審査の一次担当者（審査役等）が適宜、稟議書の内容を要約した文書を作成して、決裁者等のために便宜を図るなどの措置を工夫することが必要になろう。

　電子情報化は便利で合理的なものであるが、融資審査の場では、あくまでも審査の実をあげることが最重要なのであるから、電子情報化に振り回されることなく、臨機応変な対応が望まれる。

第 8 章

融資の事後管理

　融資は「実行したら終わり」ではない。事後の管理も重要な意味をもつ。融資は、基本的に回収に懸念がないと判断して取り上げるのであるが、不測の事態の発生により回収が危くなることもありうる。

　本章では、事後管理の意義・手法、債権が焦げ付いた場合の最終処理を解説するとともに、事後管理における自己査定の活用や、再生支援との関係についても論及する。

第1節

融資の事後管理の意義

1 貸出債権の保全管理

(1) 融資の事後管理の目的

　融資の事後管理の目的は、貸出債権が確実に回収されるようにトレースすることである。融資は、実行に際して、回収に懸念がないと判断したうえで取り上げているはずであるが、結果的に不首尾な事態になる場合もある。融資先を取り巻く経営環境の予想以上の変化が出来（しゅったい）することもあるし、設備投資計画等の進捗状況が予想外に下ブレすることもある。先行きの見通しが蓋然性に基づいてなされる以上、予測できない事態が発生し見通しが狂うことは、ある程度避けられないものである。したがって、融資の実行後も融資先の業況や貸出債権自体の返済財源の確実性の変化をしっかりとトレースできるように、管理体制を整えて事後管理の徹底を図ることが重要である。

(2) 融資金の資金使途および返済財源の事後トレース

　貸出債権自体の管理の中心は、資金使途の事後トレースである。融資の取上げにあたって確認した資金使途が、その後、当初の計画どおりの目的に使われているか、それにより目論見どおりの効果が獲得できているかを確認し、その結果として返済財源が計画どおり生み出されていれば、その貸出債権の安全性は確保されていることになる。

　ここで、設備資金を例に具体的なチェック項目をあげる。

a 融資金が計画どおり確実に支払われているか
　振込伝票や当座預金の交換回り小切手などで、資金の流れをトレースする。必要に応じて支払先の領収書により金額の確認を行う。
b 計画どおりの設備が取得されているか
　対象設備が決算書上に資産として計上されているか、帳簿価格は妥当か、資産明細書で具体的な内容（土地・建物であれば面積、取得時期、価格、配置状況等。機械設備であれば性能、台数、機種等）が確認できるか等をトレースし、必要に応じ現地確認を行う。
c 計画どおりの投資効果が得られているか
　設備の稼働による獲得利益の状況を調査し、返済財源の捻出が順調に行われているか否かを確認する。計画との乖離（未達成）が発生している場合には、それを埋める対策の有無、今後の挽回見込み、計画修正の可能性とその際の影響度合いなどを検証し、金融機関としての対応策を検討する。

2　融資先の業況等のトレース

　債権保全を適切に行うには、融資先の業況等についての的確な情報の把握が必要になる。事後管理とは、見方を変えると「融資実行後の融資先に係る情報の把握とその対応である」といってもよい。その情報源はいろいろであるが、最も多くの情報を入手できる先は、当然ではあるが融資先自体である。
　さて、事後管理の目的が貸出債権の回収の確実性のトレースにあることは冒頭に述べたとおりである。しかし、金融機関側がひたすら債権保全の目的から事後管理を行おうとする場合、融資先のスムーズな対応が期待できるであろうか。もし、金融機関の姿勢が債権保全に傾注したものであれば、融資先としては積極的に自らの業況等を提供する姿勢はとりがたいであろう。当然、都合の悪い情報などは隠したがることになる。したがって、この種の情

報のスムーズな開示を受けるためには、金融機関と融資先あるいはその他関係先等の情報源との間で、信頼関係が培われていることが必要である。そのためには、事後管理のスタンスに、債権保全だけでなく、融資先への必要な支援（アドバイスや助力）の提供という側面が備わっていなければならない。融資取引は一度だけで終わるものではなく、繰り返し行われることが通常の姿である。そのためには、融資先と金融機関とが協力し合ってともに成長していく「ギブ・アンド・テイク」の関係が必要であり、それがあってはじめて融資の事後管理が生きたものになるのである。

3 事情変更の管理

　融資の実行時から回収に至るまでの間、融資先や関係者の状況が当初のまま維持される保証はない。たとえば、融資先や保証人が自然人の場合は、死亡、婚姻、行方不明、退職、転居といった事態が生ずる可能性があるし、法人の場合には、合併、組織変更、分割、増減資、解散などが発生することがある。あるいは倒産といった事態も起こる。

　これは担保についても同様で、たとえば、抵当権における目的物の変動、極度額や被担保債権の範囲の変更、処分等といった事態が生ずる。

　このような変動の事実をタイムリーに把握し、的確に対応できるようにすることこそが、融資の事後管理の最大の目的といえる。

第2節

事後管理の手法

1 管理方針の策定とフォロー

(1) 管理方針の策定

融資の事後管理の基本的な手法は管理方針の策定とその継続的フォローである。そして、フォロー内容は時系列的に記録したものであることが大切である。

管理方針は、取引方針を踏まえて融資案件ごとに実行時に策定する。策定のポイントは、融資先の長所・短所をベースにして、その融資案件の管理上の留意点を具体的にまとめることである。次はその例である。

① 当社の長所（強み）
　（ⅰ）　数多くの特許権を有し、技術開発力に定評がある。
　（ⅱ）　国内のマーケットシェアの過半数を占め、価格決定力をもつ。
② 当社の短所（弱み）
　（ⅰ）　在庫負担が重く、在庫管理のノウハウが乏しい。
　（ⅱ）　売掛金の回収管理が甘く、営業マンの管理指導が必要である。
③ 債権保全面の留意点
　（ⅰ）　担保物件の一部は更地であり、利用状況の管理トレースが必要。
　（ⅱ）　返済財源である事業利益の獲得状況の推移をタイムリーに把握する。

(2) 管理方針策定の効果

a　管理の継続性の確保

　管理方針を立て、それによって融資先を管理する体制を構築することは、管理の継続性が確保され、仮に融資担当の人事異動があっても、次の担当者がスムーズに管理を引き継ぐことを可能にする。その結果、担当者の交替に伴う管理事務のやり直しを回避できる。

　また融資実行後、重要な判断局面に立ち至った場合に、このような継続的な管理情報の蓄積は、組織的な決断を迅速かつ的確に行ううえで効果が大きい。

b　事業環境や経営体制の変化への的確な対応

　管理方針に基づいた継続的・日常的管理は、融資先の事業環境や経営体制の変化に伴って必要となる金融機関としての対応を、スムーズかつ的確に行ううえで有用である。

　たとえば、経営状況の悪化が顕在化した場合の、保全強化や回収促進策の迅速な策定や顧客交渉の早期着手が可能になり、その一方、融資先への経営支援の意思決定とその早期具体化を図ることができる。

2　決算書によるフォロー

　事後管理、すなわち融資実行後の融資先に係る情報把握と対応は、経営者との面談、当座勘定を通じた日常の資金繰り状況の観察、工場や事務所への訪問、取引先等多方面からの評判や噂の入手など、さまざまなチャンネルを通じて行われる。

　しかし、金融機関にとって、融資先の状況を客観的に把握できる情報としては、決算書が第一級のものである。なぜなら、決算書は企業の一定期間内の経営状況を総合的に反映しているものであり、情報内容の確実性、入手の容易さなどからみて、主要な事後管理ツールといえるからである。

また、多くの倒産事例等からもたらされる経験則からすれば、倒産等の発生する数期前からその兆候が決算書面に現れているものであり、その意味でも決算書の内容分析は、事後管理においてきわめて重要な位置を占める。
　その際の留意事項として、以下の2点をあげたい。

(1) 事業報告を深く読むこと

　決算書で主要なものは貸借対照表および損益計算書であるが、財務諸表の1つである「事業報告」も、実務上は重要な情報源である。
　ただし事後管理で要求されるのは、この事業報告に単に目を通すことではなく、深読みや裏読みをすることである。なぜなら事業報告は、企業の外部向けの報告であるため、経営上の危機や弱点、あるいは他社との競争に打ち勝つための重要な機密事項などが、ストレートには記載されていないからである。そのため、表面上の報告の裏に秘められている事実や戦略等を、他から入手した情報と照合するなどして焙り出す工夫が必要とされるのである。

(2) 貸借対照表、損益計算書による情報把握

　貸借対照表や損益計算書を用いた情報把握とは、第2章で述べたような財務諸表分析を通じた企業の財務実態、経営実態を把握することである。財務分析能力の発揮は、事後管理を実践するうえで必須の要件である。

3　設備投資後のフォロー

　設備投資は、融資先にとって多くのリスクを負ったイベントであり、大型投資となると企業の命運を賭けることになる場合もある。融資先のリスクは、すなわち融資している金融機関のリスクであるから、設備投資の事後フォローは、融資の事後管理における重要なファクターになる。
　そのフォローのポイントは、本章第1節でも述べたが、当初計画額と投資

実行額の差異の調査分析（計画比で上ブレしているケースが多い）、および投資効果の把握の2点は、特に重要である。

4 融資先の動向チェック

そのほか融資先の動きについて、以下のような点をフォローする。

(1) 当座勘定の動き

当座勘定は融資先の日々の経営状態を表す窓口であり、融資の事後管理上も基本的な情報源である。売上げの伸びが順調で利益も蓄積されているときは当座勘定の動きも活発であり、平均残高も大きく支払の余裕がうかがえる。反対に、経営が不振のときは当座の動きも不活発で残高も縮小傾向となる。

(2) 融資先の取引先の変動

融資先の仕入先や販売先等は、日常の取引を金融機関のような担保による保全を介さないで行っているので、取引相手の信用不安に対する情報については敏感で、金融機関よりも多くの情報ルートをもち、情報のやりとりも活発である。

それゆえ金融機関としては、融資先の取引相手、特に債権保全のリスクを負っている仕入先との取引関係については、日頃から注意を払っておくべきである。たとえば、大口仕入先との取引を縮小した、あるいは中止したという情報を入手したときは、その事情を把握するよう努めるべきである。あるいは、取引量そのものは減少していないが、融資先の資産に担保が設定されたり、決済条件が仕入先に有利になるように変更されたりした事実がある場合なども同様である。

他の金融機関取引の状況変化も、上記と同様に、その原因や事情を検証す

ることが大切である。

(3) 経営者や経営スタッフの動向

　経営者や実権者と頻繁に面談し経営情報を入手することは、事後管理においても望ましいことである。特に中小企業の場合は、この面談で経営状態を探るほか、経営者の健康や経営意欲なども把握することが肝要である。

　経営者を補佐する主要スタッフの退職なども、中小企業においては経営上大きな影響を及ぼすことが多い。特に経理担当責任者に変動があった場合は、その事情を調査する必要がある。

第3節

自己査定の活用

1 自己査定の目的

(1) 資産の健全性の査定と償却・引当ての準備作業

　金融機関に対する早期是正措置制度が導入され、各金融機関は、その業務や保有する資産に内在する各種のリスク、なかでも信用リスクを的確に把握し、それに見合った適切な償却・引当てを行うことにより正確な財務諸表を作成して、適正な自己資本比率を算定することが求められている。

　早期是正措置制度の核心は、金融機関の自己資本比率が一定水準を下回った場合に、その度合いに応じて、経営改善から業務停止に至る各種の行政命令が発動され、これによって経営内容の芳しくない金融機関に対して早期に経営改善を迫り、破綻を未然に防ぐことにある。したがって自己資本比率を適正に算定することは、早期是正措置制度の中核をなすものである。

　適正な自己資本比率を算定するには、適切な償却・引当ての実施が不可欠の要件である。それには金融機関が、保有する資産内容の健全性を自ら厳正に点検し、資産価値の毀損度合いを的確に把握することが前提条件になる。そのための作業が資産の自己査定である。言い換えれば、資産の自己査定は適切な償却・引当てを実施するための準備作業といえる。

　具体的には、自己査定により資産をその毀損度合いに応じてⅠ～Ⅳの4区分に分類し、そのうちⅢ、Ⅳ分類の資産額については個別債務者ごとに必要な償却または引当てを行うとともに、Ⅰ、Ⅱ分類の資産額についても債務者区分あるいは信用格付（企業格付）ごとの残高に対して、所定の貸倒引当金を計上することになる。

(2) 自己査定の基準

　自己査定作業は、金融機関が自己責任に基づいて定めた基本的判定基準である「自己査定基準」と、査定作業の具体的な進め方および詳細な判定基準を網羅した「自己査定マニュアル」に基づいて実施される。これら自己査定基準や自己査定マニュアルは、金融庁の「金融検査マニュアル」に示された枠組みを踏まえ、各金融機関の実情や融資基盤等を勘案して自主的に決定される。

　自己査定作業に携わるスタッフは、自己査定基準やマニュアルの趣旨を十分に理解し、主観を交えることなく、正確な査定結果が得られるように努力しなければならない。

(3) 自己査定と融資の事後管理

　自己査定の対象資産は、決算期末に金融機関が保有するすべての資産であるが、その中心となるのは、やはり貸出資産である。したがって、自己査定は信用リスクを管理するための手段であり、貸出資産のポートフォリオを良質なものに高めていくための手段でもある。この目的を達成するには、自己査定作業を通じて担当スタッフの与信判断力を向上させ、顧客実態の的確な把握ができるよう心がける必要がある。

　貸出資産の自己査定においては、顧客の実態を把握し、適正な債務者区分を実施して、個々の融資金の資金使途をしっかりとトレースすることが求められる。これは融資の事後管理と同じ目的であり、自己査定作業は融資の事後管理と一元的にとらえられる。

(4) 総合的な信用リスク管理

　貸出資産の自己査定は、金融機関の有する信用リスク資産を棚卸しして、保有リスクの程度を査定する作業であり、今後の信用リスク管理の基盤を形成するものといえる。

自己査定を与信ポートフォリオや信用格付制度と連動させ、査定による信用リスクの程度、すなわち償却・引当額を継続的に検証することにより、信用格付ごとに貸出基準金利を設定することも可能となる。したがって、金融機関は自己査定の活用により総合的な信用リスク管理につなげていくことを目指すべきである。

2　債務者区分の判断

(1)　自己査定作業の手順

　自己査定の作業を進める手順については、金融機関が融資業務内容の実情を勘案して自主的に決定するものであるが、金融庁の金融検査マニュアルにおいては、その基本的なパターンとして、次のような考え方を示している。

　すなわち、自己査定にあたっては、まず信用格付を行い、それに基づいて債務者区分を実施したうえで、債権の内容を個別に検討し、さらに担保や保証等の状況を勘案して、債権の回収の危険性や価値の毀損度合いに応じた分類を行うものとされている。

　この信用格付は、格付機関による格付や債務者の財務内容、信用調査機関等の情報に基づき、債務者の信用リスクの程度を適切に反映して行われることを要し、かつ債務者区分と整合性がとれていなければならない。

　信用格付（企業格付）と債務者区分との対応については第5章で述べたところであるが、融資先を信用度で区分する点においては両者とも同じであり、換言すれば、自己査定の債務者区分自体が信用格付の一種とも考えられる。

(2)　債務者区分とは

　自己査定対象の融資先を適切に債務者区分することは、正確な債権分類のための基本的作業である。

　金融検査マニュアルでは、債務者区分を「債務者の実態的な財務状況、資

金繰り、収益力等により返済能力を検討し、貸出条件や履行状況を確認のうえ、業種等の特性を踏まえ、事業の継続性と収益性の見通し、キャッシュフローによる償還能力、経営改善計画等の妥当性、金融機関等の支援状況などを総合的に勘案して、債務者を正常先、要注意先、破綻懸念先、実質破綻先、破綻先に区分すること」と定義している（同マニュアル「資産査定管理態勢の破認検査用チェックリスト・別表１」の記述を一部補正）。

また、ここに掲げられた各区分は、次のように定義されている。

・正　常　先……業況良好で、かつ財務内容にも特段の問題がないと認められる債務者

・要 注 意 先……貸出条件に問題がある債務者、返済や利払いが事実上延滞しているなど履行状況に問題のある債務者、そのほか業況が低調ないしは不安定または財務内容に問題があるなど今後の管理に注意を要する債務者

・破綻懸念先……現状、経営破綻の状況にはないが、経営難の状態にあり、経営改善計画等の進捗状況が芳しくなく、今後、経営破綻に陥る可能性が大きいと認められる債務者（具体的には、現状、事業は継続しているが、実質債務超過に陥り、業況が著しく低調で貸出金が延滞状態にあるなど元本および利息の最終回収につき重大な懸念があり、したがって損失発生の可能性が高く、今後、経営破綻に陥る可能性が大きいと認められる債務者で、金融機関等の支援継続中の債務者を含む）

・実質破綻先……法的・形式的な経営破綻の事実は発生していないが、深刻な経営難の状態にあり、再建の見通しがない状況にあると認められる債務者（具体的には、事業を形式的には継続しているが、多額の不良債権を内包し、あるいは返済能力に比べ明らかに過大な借入金が存在し、実質的に大幅な債務

　　　　　　　　超過に陥っており、事業好転の見通しがない状況、または天
　　　　　　　　災・事故・経済情勢の急変等により多大な損失を被り再建見
　　　　　　　　通しがない状況で、実質的に長期間延滞している債務者等)
・破　　綻　　先……法的・形式的な経営破綻事実が発生している債務者(破
　　　　　　　　産、清算、会社更生、民事再生、取引停止処分等の事由によ
　　　　　　　　る経営破綻先)
　　　　　　　(注)　特定債務等の調整の促進のための特定調停に関する法
　　　　　　　　　　律(特定調停法)による特定調停手続申立て先は、直ち
　　　　　　　　　　には破綻先とはされない。

(3) 債務者区分の判断基準

　債務者区分の判断にあたり、正常先および破綻先については定義が明快であり、さほど問題は発生しない。正常先は、他の区分に属さない融資先全部で、業績が良好で履行状況も順調であり財務内容に特に問題がない融資先が該当する。

　しかし、要注意先、破綻懸念先、実質破綻先の区分については、金融検査マニュアルも詳細な定義を置いてはいるが、それほど簡単に区分できるものではない。これらを区分する要素としては、経営状態、財務状況、貸出条件等の履行状況、事業好転の見通し、経営改善計画等の進捗状況があげられているが、このうち、これら3区分の基礎的判断基準となるものは「事業好転の見通し」であろう。

　融資先の自助努力や関係者の支援により、今後、事業好転、経営再建の見通しが立つものであれば、その先は原則として「要注意先」に区分できるが、再建努力にもかかわらず、現状、事業好転の見通しが立ちにくい融資先は、たとえ自行(庫・組)が支援方針をとっていても、「破綻懸念先」以下に区分せざるをえないであろう。そして、法的・形式的な経営破綻の事実こそないが、実質的にそれと同様の状況に陥っており、今後の回復見込みがな

い融資先は、「実質破綻先」に該当する。

しかし、債務者区分の判断に際しては、いずれの場合も、区分基準を機械的・画一的に当てはめて判定することは避け、融資先の経営実態を踏まえて総合的に判断することが求められている。

なお要注意先は、貸出条件緩和債権（経営困難な状況に陥った債務者の再建支援を目的に、債務者に有利な貸出条件の譲歩・緩和に応じた債権）や3カ月以上延滞債権（これらを合わせて「要管理債権」という）を有する「要管理先」と、それ以外の「その他要注意先」とに区分される。

3 中小企業の場合の債務者区分

中小企業の経営状況は、決算表面上は赤字発生や債務超過に陥っているものが多く、そのままでは要注意先以下に区分されるケースが続出する懸念がある。しかし、実態は経営者自身の資産状況や収入状況をバックに、経営がそれなりに安定している例がかなりみられる。したがって、中小企業の債務者区分については、よりいっそう、経営実態を勘案して判断することが求められている。

金融検査マニュアルにおいても、中小・零細企業等の債務者区分基準については、企業の財務状態だけでなく、販売力、技術力に加えて、代表者等に対する報酬の支払状況、代表者等の収入状況や資産内容、保証状況等を総合的に勘案し、企業の経営実態を踏まえて判断するものとされており、具体的に次のような点に留意するよう強調されている。

(1) 代表者等との一体性

中小企業においては、代表者等と企業との間の業務・経理・資産所有などの関係が実質一体になっていることが多い。したがって、企業の実質的な財務内容は、代表者等の資産や収入等と合算して、その安定性や良否を判定す

る必要がある。たとえば、代表者からの借入れは、原則として企業の自己資本とみなすことが相当であり、企業の赤字の原因が、代表者等への多額な報酬支払や家賃支払などである場合は、企業の資金不足を自分の資産から捻出補充しているのであれば、代表者等の資産や収入を加味して、企業の返済能力を判定することが妥当である。

ただし、「経営者保証に関するガイドライン」（第6章第4節5参照）に基づき、法人と経営者個人の一体性が解消され、法人のみの資産・収益力で借入返済が可能であると判断して、経営者の個人保証を求めないものとしている場合は、代表者等との一体性を考慮することはできない。

(2) 企業の技術力、販売力、経営者の資質やこれらを踏まえた成長性

企業の技術力、販売力、経営者の資質やこれらを踏まえた成長性については、中小企業の場合は特に、その成長発展性を判断する重要な要素になる。

(3) 経営改善計画等

中小企業の場合、大企業のような重厚で精緻な経営改善計画等の策定は、人材面でも体力的にも無理なことが多い。したがって、個別の経営改善策や収支改善策等でそれに代替させることが相当である。

また、計画等の進捗状況が未達であっても、その原因を検証し、キャッシュフローの見通しを重視して、経営の先行きを見通す必要がある。

(4) 貸出条件およびその履行状況

貸出条件およびその履行状況については、仮に、条件変更の申出がありそれに応ずる場合でも、その変更に至った原因について検証・確認し、貸出条件緩和債権に該当するか否かの判断を行う必要がある。

4　貸出債権の分類

債務者区分を終えた貸出債権やそれに準ずる債権は、個々の区分の債権分類基準に従い、Ⅰ～Ⅳの4区分に分類される。

各分類の定義は次のとおりである。

- Ⅰ分類（非分類）……Ⅱ、Ⅲ、Ⅳ分類としない債権であり、回収の危険性や価値の毀損の危険性につき問題がない資産。
- Ⅱ分類……債権確保の諸条件が満足されていないため、あるいは信用上疑義がある等の理由により、その回収につき通常の度合いを超える危険を含むと認められる債権等の資産。一般の担保や保証でカバーされているものといないものとがある。
- Ⅲ分類……最終の回収または価値の毀損について重大な懸念があり、したがって損失発生の可能性が大きいが、その損失額について合理的な推計が困難な資産。
- Ⅳ分類……回収不可能または無価値と判定される資産。

【図表8―1】　債務者区分と債権の分類基準の対応関係

	正常先	要注意先	破綻懸念先	実質破綻先	破綻先
優良担保の処分可能見込額a	非	非	非	非	非
優良保証等の保全額	非	非	非	非	非
一般担保の処分可能見込額b	非	Ⅱ	Ⅱ	Ⅱ	Ⅱ
一般保証による保全額	非	Ⅱ	Ⅱ	Ⅱ	Ⅱ
担保評価額とaまたはbの差額	非	Ⅱ	Ⅲ	Ⅲ	Ⅲ
清算配当等の回収可能見込額	―	―	Ⅱ	Ⅱ	Ⅱ
それ以外の部分	非	Ⅱ	Ⅲ	Ⅳ	Ⅳ

- 実質破綻先および破綻先のⅢ分類は、上記以外のものは該当しない。
- 清算配当等の回収可能見込額をⅡ分類とするには、債務者の資産内容の正確な把握およびその債務者の清算貸借対照表の作成が可能な場合で、清算配当等の見積りが合理的で、かつ回収が確実と見込まれる場合に限る。

これらのうち自己査定で問題債権とされるものはⅡ、Ⅲ、Ⅳ分類資産であり、これらの分類基準と各債務者区分の対応関係は図表8－1に示すマトリックスのようになる。

第4節 地域密着型金融と企業再生

1 地域密着型金融への対応

　地域密着型金融とは、金融機関が取引顧客との間で親密な関係を長く維持することにより、取引顧客に関する情報を蓄積し、それをもとに貸出等の金融サービスの提供を行うことで展開されるビジネスモデルであり、地域金融機関経営の中核となるものである。

　平成15年以来展開されてきた「リレーションシップバンキングに関するアクションプログラム」の趣旨は、その後恒久的に取り組むべきテーマとして、金融庁の「中小・地域金融機関向けの総合的な監督指針」に盛り込まれている。なお、リレーションシップバンキングと地域密着型金融は、ほぼ同義である。

　地域密着型金融の取組みにおいては、次の3つがポイントとされている。

(1) 企業のライフサイクルに応じたきめ細かい支援

　企業のライフサイクルに応じたきめ細かい支援は、地域密着型金融の不可欠な要素である。各ライフサイクルにおける支援方法は、たとえば以下のようなものがあげられる。

① 創業・新事業開拓段階の企業……新事業の価値を見極めたうえでの、公的な助成制度の斡旋・紹介や企業育成ファンドを活用した支援、その他有益な情報提供。

② 成長段階にある企業……ビジネスマッチングや技術開発支援による新たなビジネス機会の斡旋・紹介、海外進出等新事業分野への展開に対する情

報提供、事業拡大のための資金需要への対応。
③　経営改善が必要な企業（自助努力により改善が可能な企業）……ビジネスマッチング等による新たな販路の獲得支援、中小企業診断士・税理士・経営相談員等の外部第三者の知見の活用斡旋、地方公共団体・商工会議所・中小企業再生支援協議会・ほかの金融機関との連携による経営改善支援。
④　事業再生や業種転換が必要な企業……貸出条件の変更等の支援（DES／DDS、債権放棄等を含む）、中小企業再生支援協議会等との連携による事業再生策の策定支援。
⑤　事業の持続可能性が見込まれない企業……債務整理・自主廃業の側面支援。
⑥　事業承継が必要な企業……経営者の意向を踏まえたM＆Aのマッチング支援、相続対策支援、事業承継時の資金需要への対応。

　金融機関は金融仲介機能の発揮として、特に中小企業に対する積極的な経営相談・経営指導を行うことが期待されており、財務面だけでなく売上げ増加や事業承継等のさまざまな経営課題についても適切なコンサルティングを行うことが求められている。

(2)　中小企業に適した資金供給手法の徹底

　地域密着型金融の基本は、定性情報を含む地域の情報を活用し、企業の事業価値を見極めて融資を行うことである。担保や保証への過度の依存はこの基本から外れる行為であり、事業性評価に基づく審査手法を工夫する必要がある。事業性評価による融資においては、融資実行後の業況把握（ローンレビュー）が重要となり、その結果として企業との密接な取引関係が構築できる。

　それ以外にも、エクイティの活用等によるリスクマネーの導入、動産・売掛金担保融資（ABL）やコベナンツ付き融資の活用等を検討する。

(3) 地域の情報集積を活用した持続可能な地域経済への貢献

　地域には、人口減少と高齢化、産業の空洞化、伝統産業の衰退等の多くの問題が存在しており、地域金融機関はこれらを踏まえた地域経済の活性化を総合的に図っていく役割を担っている。そのためには、単なる資金供給者にとどまらず、地域経済を展望したビジョン策定への積極的提言や、公民連携のコーディネーターとしての参画等が期待される。

2　企業再生の視点

　企業再生を支援する業務は、前掲1(1)③④のステージの企業に対するコンサルティングとして、金融機関の融資業務の主要分野と位置づけられる。金融庁の「中小・地域金融機関向けの総合的監督指針」においても、金融機関が取引先に対して経営支援、経営改善相談を行うことの重要性が強調されている。

　融資の事後管理の過程では、融資先企業の再生支援という観点からの取組みも必要であり、また、自己査定において要注意先（あるいは破綻懸念先）となった主力取引先企業に対しては、早期に具体的な経営改善計画の策定を促しつつ、追加融資を含む可能な限りの金融支援を効果的に実施して、貸出資産の良化を図ることが重要である。

(1) 支援対象企業の選定

　金融機関の支援は、問題先企業のすべてを総花的に取り上げるのではなく、そのなかから大きな支援効果が期待できる先を選定して、優先的にメリハリをつけて実施する。その選定尺度としては、おおむね次のような事項があげられる。

a　経営者の資質、意欲、能力が十分であること

　経営再建の主役は企業の経営者であり、金融機関はそのサポート役にすぎ

ない。したがって、支援対象企業の条件としては、経営者の資質に特段の問題がなく経営再建意欲が旺盛で、かつ遂行能力が高いことが必要である。

b　再建の中核となる事業があること

企業の再生を図るには、利益を生み出す中核事業部門がなければならない。具体的には、その事業部門が相応のマーケットシェアと収益を確保しており、取扱製商品やサービスに成長力や競争力が備わっていることが必要である。

c　実現可能な再建計画の策定が可能なこと

中核となる事業部門があっても、それをベースにした再建計画が具体的に策定できなければ、企業の再建は不可能である。「絵に描いた餅」のような計画では役に立たない。また、実現可能な再建計画の基本要件は「今後5年間程度で経営正常化ができること」が目安になる。ただし中小企業等においては、自力で計画を策定する能力が乏しい場合も多く、金融機関としてそれをサポートすることが求められる。

d　従業員、株主等ステークホルダーとの「痛みの共有」が可能なこと

企業の再建過程では、役員や従業員には人件費の抑制など直接に不利益の受忍を求めることになり、株主や取引先にも再建の痛みを分担してもらう場合が多い。したがって、再建策の推進に際しては、これら関係者の協力が不可欠である。

e　金融機関としての発言力が確保されていること

金融支援を行う以上、金融機関としての意見が十分再建計画に反映されなければならない。金融機関と企業経営者が直接タイムリーに面談し、忌憚なく意見交換ができるような取引関係にあることが大切である。

f　企業の再建支援が金融機関側にも有益であること

再建支援は慈善事業ではないので、その支援効果により金融機関側にもメリットがあることが必要である。たとえば、当面の損失負担はあるが再建が成功すればそれ以上の利益獲得が見込めることなどが、支援に臨む金融機関

の大義名分であろう。

(2) 再生に向かない企業

　企業再生支援は、効果の大きい先から優先順位をつけて行うが、経営不振に陥った中小企業の多くは、事業自体が疲弊衰退しジリ貧状態にあるので、支援効果はあがりにくい。

　通常、以下のような企業は再生支援先として不向きである。

・事業に独自性が乏しく、容易に第三者で代替されるような事業者
・事業の成長性が乏しく、事業基盤の弱い企業
・適正な財産評定が困難で、関係者の信頼が得られない企業
・信用が縮小し、仕入れの確保が困難な企業
・経営者の再建意欲が乏しい、あるいは経営者への信用が薄い企業

第 5 節

融資先の破綻時の対応

1 破綻発生時の対応

　融資先が不幸にも破綻した場合、敏速で的確な対応をとれるか否かで債権回収の実が左右される。もちろん事前に経営破綻を察知して回収ロスの発生に備えることができれば、それに越したことはないが、現実にはそう簡単にはことが運ばないものであり、緊急事態発生時の素早い対応が必要とされるのである。

　その際に最低限なすべきことは、次の3点である。
・代表者（経営者）との直接面談
・事務所や工場など、相手先の営業現場の検分
・保全バランスの作成
　以下に、そのポイントを述べる。

(1) 代表者（経営者）との直接面談

　融資先の経営破綻が明らかになった場合には、なによりも代表者（経営者）と直接面談し、事実関係を究明することである。代表者がつかまらないときは、事情に詳しい役員や営業部長、経理責任者等でもやむをえないが、極力代表者との面談を心がける。その際に究明すべき点は、次の4項目である。

a　破綻原因

　破綻原因を明らかにすることで、その後の倒産対策の参考資料を得ることができる。その原因が人為的な原因（放漫経営、過大投資、組織の不備など）

によるものか、社会的な外部要因（連鎖倒産、構造不況による業績悪化など）によるものかの2面から究明する。

　b　財務状況の確認

　企業の資産・負債状況を、直近の財務諸表に基づき、極力具体的に聞き出すことである。回収に直結しそうな資産（売掛金、在庫、担保外資産）などを把握することはもちろん、粉飾の有無、商業手形・担保手形の決済見通し、担保差入れ状況なども聞き出したい項目である。これらの情報は、その後の回収計画を策定するうえで欠かせないものである。

　c　今後の見込み

　企業の今後について見通しを把握する。私的整理に入るか、法的整理に移行するか、あるいは再建を図るか等の点につき、代表者の意向を探りその実現可能性を検討する。

　d　回収財源の追及

　たとえ自行の融資金の保全が不足していても、企業の担保外資産や保証人（代表者）の保有資産を調査し、差押え等の手段による回収財源の確保を図る。

(2)　事務所や工場など、相手先の営業現場の検分

　融資先が経営破綻を表面化したときは、直ちに営業拠点や工場に出向き現況を調査する。経営者の意向に反して、取引先や従業員による製商品等の営業資産持出しなどが発生していれば、企業の再建のメドは立ちにくい。

(3)　保全バランスの作成

　融資先が破綻しても、貸出債権の回収が担保や保証で保全されていれば一安心であるが、保全不足であることも多い。その場合は、破綻時における保全不足額をしっかりと把握しておくことが、今後の回収計画の策定上不可欠である。

担保については、担保処分による回収見込額を客観的なデータ（資産処分を前提とした鑑定書など）によって保守的に見込み、保証は履行可能額を内輪に見込む。このようにして算出した保全不足額は、回収計画を立案する際のベースになるものであるから、念入りに作成する。なお、商業手形や担保手形については、その決済見通しを支払銀行等にヒアリングして、保全の必要性を判断する。

2　事故発生時の金融機関の内部事務

融資先が破綻した場合の金融機関内部事務としては、次のようなものがある。

(1)　各種連絡のための作業

a　部店内の周知・徹底

速やかに債権回収の手を打つには、部店内の各セクションの協力・連携が不可欠である。預金の払出禁止措置をとったり、手分けして関係者との面談・交渉にあたったりする必要がある場合、融資担当者が1人で奮闘するだけでは手が足りず交渉が後手に回るおそれがあるので、分担方法などを決めなければならない。この場合、融資担当役席者が司令塔になり、情報を集中管理しつつ必要な指図を発する体制をつくりあげることが望ましい。

b　本部審査担当部、関係店、関連会社への報告

企業が倒産すると、その影響は仕入先、販売先、同業者等にも及ぶ。したがって、自店だけの対応で「こと足れり」ということはなく、直ちに本部審査担当部へ破綻の事実を報告して必要な指示を受ける。関係店との連携プレイが求められる場合は、密接に連絡を取り合う必要がある。

また、債権の一部に回収不能が見込まれる場合は、決算期末における債権償却手続の準備もしなければならないので、そのための本部との事前打合せ

も必要である。

　金融機関が関係会社と組んで取引を展開している場合には、その関係会社とも連絡をとり、自店の債権保全だけでなく関係会社の保全も確保できるよう努めることが望ましい。

c　外部の関係先への連絡

　融資取引の内容次第では、信用保証協会や代理貸付受託先への連絡を遅滞なく行う必要がある。

(2)　各種通知書の発送

　融資先が倒産した場合、直ちに発送すべき書類としては次のようなものがある。

- ・期限の利益喪失通知書、催告書
- ・割引手形の期限前買戻請求通知書
- ・求償権の事前行使通知書
- ・代理貸付繰上償還請求通知書
- ・当座勘定解約通知書、貸越契約解約通知書
- ・相殺通知書
- ・保証人に対する保証履行請求通知書

(3)　担保の確認

　債権回収の有力手段である担保契約書類の見直し点検と目的物の確認を、次の点に留意して行う。

- ・担保差入書や（根）抵当権設定契約書に形式上の不備がないか。権利行使の要件が充足されているか。
- ・第三者対抗要件が具備されているか。
- ・担保目的物に瑕疵はないか。
- ・担保目的物の状況に変化はないか。他者の権利設定が行われていない

か。
- 現在の担保価値はどの程度か。これまでの評価額に対して下落がないか。
- 担保差入人が第三者の場合、差入意思は十分確認されているか。

(4) 割引中の商業手形支払人、担保手形支払人の決済見込調査

　割引中の商業手形や担保取得ずみの手形の支払人につき、その決済意思と決済資力の調査を行う。支払人に直接あたるほか、手形の支払場所である金融機関に決済見通しを照会する。この過程で、融通手形の発見に至ることもある。

3 回収計画の策定と遂行

　事故債権を、迅速に、効率よく、極力多額に回収するためには、有効な回収計画を策定し、確実に遂行していくことが重要である。債権回収の基本姿勢は、あらゆる回収の可能性を探り、効果があると判断される手段から優先順位をつけて、着実に回収実現に取り組むことである。

(1) 回収計画策定のポイント

計画策定にあたっての留意点をまとめると、次のようになろう。
- 担当者の独断を避け、部店内関係者の情報や意見を取り入れること。
- 回収財源になりそうな本人資産等を念入りに検証すること。
- 回収手段、日程、目標金額を具体的に決定すること。
- 保証人や関係人からの回収可能性もあわせて検討すること。
- 金融機関としての節度を守り、違法な取立て等は行わないこと。
- 定期的に回収状況が点検できるような態勢を敷くこと。

(2) 回収計画遂行上のポイント

　回収計画は、いかに立派なものを策定しても、実行に移されなければ意味がない。回収交渉は、相手にとって歓迎されない面倒なものであるが、それだけにこちらが諦めてしまうとそれまでであり、回収の実をあげるには息の長い地道な交渉が求められる。

　しかしその一方で、回収交渉はその効果があがらなければ意味をなさない。漫然と交渉を継続しているだけでは時間の無駄であり、時限を区切った的を絞り込んだ交渉が必要である。通常の交渉だけでは効果があがらなければ、法的な手段を併用して相手に心理的強制を与えることも考えるべきである。

　相手の事情が当初見込みと変わってきた場合には、それに合わせて計画を修正することも必要である。回収交渉は、場当たり的では効果がうすいが、硬直的でありすぎてもいけない。交渉に際しては、相手の心理状態を把握しながら主導権を握り、その日の交渉で収穫がなくとも次の交渉につなげるタネを蒔いて、交渉が継続するよう心がける。簡単に諦めない粘り強さが大切である。

第 6 節

事故債権の最終処理

1 債権の償却・引当て

(1) 償却・引当ての意義

　融資先の破綻によって、貸出債権の全部または一部が回収不能になったり、あるいは回収不能見込みが濃厚であったりする場合には、当該債権をそのまま資産に計上しておくことは不適切なので、必要額を損失として処理する。この手続が「償却・引当て」である。

　通常、「償却」という場合には、回収不能が確定した債権部分（すなわち自己査定上のⅣ分類債権）を資産勘定から引き落とす「直接償却」を指し、「引当て」という場合には、回収不能と見込まれる債権額（自己査定上のⅢまたはⅣ分類債権）につき「貸倒引当金」を計上する「間接償却」を意味する。ただし、広い意味で「償却」という場合には、「引当て」もそのなかに含まれる。

　金融庁の「金融検査マニュアル」においては、金融機関が自己査定で要償却・引当債権としたものについては、必要な損失処理を実施し、自己資本比率の算定にそれを反映することとされている。ただし、償却・引当てについては、法人税法でそれを損失（損金）として認める基準・要件が厳格に規定されており、それに適合しないものは税務上の損失として認められない。税法上の要件を充足するものを「無税償却」といい、それ以外の「有税償却」と区別されているが、自己査定の要償却・引当債権は、その一部が無税償却として処理され、残余が有税償却として、税務上は損失であることを否認して会計上だけ損失処理を行う取扱いがなされている。

いずれにしても、金融機関は、自己査定の結果、要償却・引当てと判定した債権の全額を、税法上の要件充足のいかんを問わず、直接償却または貸倒引当金繰入れにより、損失として処理をすることが求められている。

(2) **債権の償却・引当ての実務**

自己査定の結果、償却ないし引当てを要すると判断した貸出債権については、当該決算期末において、適切に損失として処理する必要がある。

たとえば、融資先が法的整理手続（破産、民事再生、会社更生、特別清算）の申立てを行ったり、銀行取引停止処分を受けたりした場合には、その決算期末で回収不能見込額を貸倒引当金に計上する。その場合、当該見込額の50％は税法上も損金算入が認められる。また、民事再生法や会社更生法による債務者の再建計画において債務負担の一部カットが認められた場合には、そのカット額に相当する貸出債権は、税法上100％の直接償却が可能である。さらに、事故債権の一連の回収手続が終わり、残余額の回収見込みがないと判断される場合には、その回収不能額全額を税法上直接償却することができる。

債権の償却・引当手続は、各金融機関がその手順書を作成し、それに準拠して実施されることになるが、いずれにしても債務者との交渉経過を示す記録や債務者の現況、担保や保証からの回収（見込み）状況、その他償却を要する事由を説明できるエビデンスを、きっちりと整備し残しておくことが必要である。

2　債権譲渡とサービサーの活用

債権譲渡によるオフバランスの手法は、本来は、資産の効率性を高めるために住宅ローン等の貸出資産を外部に売却する目的で開発されたものであるが、不良債権を早期処理する必要性が高まって以来、大量の不良債権を一括

して第三者に売却譲渡しオフバランス化を実現する「バルクセール」(bulk sale) という手法が、盛んに用いられるようになった。

　バルクセールは、事実上は債権の直接償却と同じ効果をもたらすものであり、税法上も、売却代金が合理的に決定され、かつ真正譲渡（信用リスクが完全に債権の譲受人に移転する譲渡形式）であれば、帳簿価額と売却価額との差額（譲渡損失）については損金処理が認められている。

　この場合のバルクセールの買い手（譲受人）はサービサーであることが多い。サービサー (servicer) とは、平成10年制定の債権管理回収業に関する特別措置法（サービサー法）で、弁護士法の特例として認められた債権回収業務を専門に行う者であって、不良債権処理のツールの1つとして、アメリカで生まれ発達した概念を移入したものである。平成26年12月現在で90社の業者が認可され、最近では不良債権のみならず、金融会社等が有する金銭債権の大部分を、回収受託または譲受により取り扱うまでに業務を拡大している。銀行等の金融機関側にも、収益性の低いあるいは管理回収に手間と時間がかかる債権をアウトソーシングする動きが目立っており、この傾向は今後も続きそうである。

　しかし、不必要なまでに貸出債権の売却譲渡を進めることは金融機関自体の債権管理回収能力の低下をもたらすおそれがあり、一定の歯止めが必要であろう。

　　（注）　サービサーを介した債務整理手法としては、DPO (discounted pay-off) が用いられる。これは金融機関の有する問題債権をサービサーが債権額以下の金額で割り引いて買い取り、その後に当該債権の債務者がサービサーの提示する金額（サービサーの購入価額にサービサーの利益を上乗せした金額で、債務者にとっては金融機関に対して負っていた債務が大幅に軽減されたものになる）で買い戻すというもので、実質的な債務免除が実現する効果がある。

事項索引

あ

ROA（使用総資本利益率）……… 34、62
赤字資金……………………… 103、137、141
赤字補填資金………………………… 101
アクションプログラム……………… 239
アレンジャー（主幹事）…………… 115
案件格付……………………………… 145
安全性………………………………… 153
安全性の原則………………… 3、15、167
安全性分析………………………… 55、56

い

EAD（デフォルト時エクスポージャー）…………………………… 149
EBITDA…………………………… 34、81
意思決定機能………………………… 197
意思伝達機能…………………… 197、198
異常値………………………………… 153
印鑑証明書…………………………… 175
インパクトローン……………… 12、112

う

後向き資金……………………… 103、120
売上債権回転期間…………………… 64
売上債権回転率……………………… 63
売上高営業利益率…………………… 61
売上高経常利益率…………………… 63
売上高事業利益率…………………… 34
売上高総利益率……………………… 61
運転資金……………… 97、99、100、130

え

営業活動によるキャッシュフロー… 79
営業CF………………………………… 79
営業循環資金…………………… 129、133
営業部店意見…………………… 213、217
エージェント（事務代理人）……… 116
エクスポージャー……………… 23、149
LGD（デフォルト時損失率）……… 149
遠隔地取引…………………………… 215

お

オプション取引……………………… 114
オペレーショナル・リスク………… 21

か

カードローン………………………… 109
買入外国為替………………………… 107
買入債務回転期間…………………… 64
買入債務回転率……………………… 64
会社案内……………………………… 208
回収計画……………………………… 248
回収財源……………………………… 248
回収手段……………………………… 248
確定日付の徴求……………………… 176
貸金等根保証契約……………… 188、189
貸越極度額…………………………… 109
貸越契約解約通知書………………… 247
貸し渋り……………………………… 13
貸倒実績率…………………………… 22
貸倒引当金…………………………… 250
貸出基準金利………… 6、160、161、232
貸出資産のポートフォリオ管理
……………………………………… 22、24
貸出条件緩和債権…… 97、142、160、235
貸付金………………………………… 108
貸付有価証券………………………… 110

肩代り資金……………………137
株主資本等変動計算書………51、55
借換資金………………………137
仮登記担保……………………177
関係比率法………………………58
勘定科目内訳書…………………55
間接償却………………………250
元本確定期日…………………190
元本確定事由…………………191
管理カード……………………154
元利金支払能力………………144
管理方針…………………225、226

き

企業維持投資……………124、125
企業格付…………145、146、148、155
企業の社会的責任（CSR）………9
企業評価………………………148
期限の利益喪失通知書………247
期限の利益の喪失事由………193
危険分散…………………………4、5
期限前買戻請求通知書………247
規制金利………………………157
規制金利型の融資………………12
季節資金………97、102、135、140、214
キャッシュフロー…………79、151
キャッシュフロー計算書
　　　　　　……51、55、79、122、123
キャッシュフロー分析…25、33、79
キャッシュ利益…………………81
救済資金………………………137
救済融資………………………104
求償権の事前行使通知書……247
記録機能………………………197
銀行引受手形…………………107
金銭消費貸借契約証書………109
金融機関借入一覧表…………209

（金融機関自体の）自己資本比率…230
金融検査マニュアル……20、79、144、146
金融先物オプション取引……114
金融先物取引…………………114
金融仲介機能……………………10
金融派生商品…………………113
金融派生取引…………………113
金利サービス…………………159
金利スワップ……………12、113
金利負担能力………166、167、214、215

く

クレジット・ポリシー………14、24、201
黒字倒産…………………………70

け

経営安全性分析…………………56
経営改善計画……………234、236
経営者保証に関するガイドライン
　　　　　　……………………185
経営戦略…………………………31
経営理念………………31、46、49
経常運転資金……97、101、130、139、214
経常収支比率……………………74、122
経常収支比率算出表……………74
経費コスト……………………158
経歴書…………………………208
決裁権限………………………201
決算資金…………………97、134、140
決算・賞与資金……………102、214
月商………………………133、211
限界利益率………………………65
検索の抗弁権…………………181
減産資金……………101、103、137、141
現地確認………………………223
権利能力………………………182

こ

- 行為能力 …………………………… 182
- 公共性の原則 ………………………… 8
- 更新・合理化投資 …………… 124、125
- 公信力 ……………………………… 173
- 構成比率法 ………………………… 58
- 高齢者 ………………………… 173、183
- コール・オプション ……………… 114
- コール・マネー …………………… 109
- コール・ローン …………………… 109
- 固定資産回転期間 ………………… 64
- 固定資産回転率 …………………… 63
- 固定長期適合率 ……………… 70、137
- 固定費 ………………………… 61、65
- 固定比率 …………………………… 69
- コベナンツ（財務制限条項）
  …………………… 117、194、240
- コミットメント期間 ……………… 116
- コミットメント・フィー ………… 116
- コミットメントライン ……… 12、116
- 固有業務 …………………………… 106
- コロガシ単名 ………… 97、101、142、214
- コンプライアンス体制 … 85〜88、91、93

さ

- サービサー ………………………… 252
- 債権格付 …………………………… 145
- 債権固定化資金 ……………… 104、137
- 再建支援 …………………………… 242
- 債権償却 …………………………… 167
- 債権償却手続 ……………………… 246
- 債権譲渡 …………………………… 251
- 催告書 ……………………………… 247
- 催告の抗弁権 ……………………… 181
- 在庫資金 ……………………… 135、140
- 在庫調整資金 ……………… 104、135
- 財務安全性 ………………………… 66
- 財務安全性分析 …………………… 56
- 財務活動によるキャッシュフロー … 79
- 財務CF ……………………… 79、81
- 債務者格付 …………………… 145、146
- 債務者区分 …… 22、54、160、230、232
- 債務者分類方式 …………………… 146
- 債務償還能力 ………………… 151、155
- 財務状況調書 ……………………… 42
- 財務諸表 ……………… 25、51、54、208
- 財務諸表分析 …………… 54、55、227
- 財務諸表分析の手法 ……………… 57
- 財務制限条項（コベナンツ）… 117、193
- 財務評価 ……………………… 151、152
- 債務不履行（default）…………… 144
- 財務分析 …………………………… 25
- 財務分析能力 ……………………… 227
- 債務保証 …………………………… 110
- 債務履行能力 ……………………… 149
- 先取特権 …………………………… 177
- 先物取引 …………………………… 114
- 先渡取引 …………………………… 114
- 差金決済制度 ……………………… 114
- 差入意思 …………………………… 248
- 3カ月以上延滞債権 ……………… 235

し

- CSR（企業の社会的責任）………… 9
- 事業好転の見通し ………………… 234
- 事業素質 ……………………… 48〜50
- 事業ドメイン ……………………… 49
- 事業報告 …………………………… 227
- 事業利益 ……………………… 34、62
- 事業領域 ……………………… 32、49
- 資金移動表 …………………… 25、70、72
- 資金運用表 …… 25、70、74、122、136、137
- 資金運用表分析 …………… 76、78

事項索引　255

資金回収期間法	129	実質担保価格	170
資金繰表	25、70、121、137、208	実質破綻先	151、233、234
資金繰表分析	78	実資力	59、168、169
資金繰り分析	70	実数分析	57、58
資金使途	4、25、120、166、206、222	実態バランス	55
資金使途と金額の妥当性	213、214	実地調査	40、55
資金使途の確認	121	支払承諾	110
資金需要	120	資本系列	49、50
資金調達コスト	158	資本構成改善資金	136、141
資金の運用	76	資本効率	62
資金の源泉(調達)	74	資本利益率	62
資金の使途(運用)	74	収益性	153
資金の調達	76	収益性の原則	6、15
事後管理	222、223、225、226	収益性分析	55、56、59
事故債権	248、250	集荷資金	134
自己査定	54、149、155、230、241	従業員1人当り売上高	83
自己査定基準	231	収支ズレ	131
自己査定基準書	24	修正損益計算書	55
自己査定作業マニュアル	24	修正貸借対照表	55
自己査定制度	25	受信業務	10
自己査定の要償却・引当債権	250	償還財源	33
自己査定マニュアル	231	償還能力	33
自己資本	59	償却	250
自己資本比率	67	償却・引当て	230、250
資産監査室	155	償却・引当基準書	24
試算表	25	償却・引当作業マニュアル	24
事実上の担保	177	償却前引当前利益	61
市場価格	171	商業手形	107
事情変更	224	証書貸付	97、108
市場リスク	21	使用総資本回転率	34
指数法	58	使用総資本事業利益率	63、129
システム・サポート化	218	使用総資本利益率(ROA)	34
事前稟議	198、202、204〜206	譲渡損失	252
事前稟議書	198、202	譲渡担保	177、178
質権	177、178	情報	52
実効金利	159	情報管理システム	53
実質金利	159	情報力	52

正味運転資金 ……………………………131
正味営業運転資金 ………………………131
賞与資金 ……………………97、134、140
処分可能見込額 …………………………170
新規貸出約定平均金利 …………………160
シンジケート団 …………………………115
シンジケートローン …………… 12、115
真正譲渡 …………………………………252
人的担保 …………………………164、180
新 BIS 基準 ………………………………149
信用格付 ………………………25、144、232
信用格付区分 ……………………………24
信用格付制度 …………………12、144、232
信用貸し ………………… 30、165、166、168
信用創造機能 ……………………………12
信用調査 ……………………… 36、37、52
信用調書 …………………………………41
信用度 ……………………………………215
信用分析 …………………………………54
信用リスク ……………20、144、158、160、231
信用リスク管理 ………………22、146、147、231
信用リスクコスト ………… 6、22、147、161
信用リスクの計量化 …………22、147、148
信用力 ………………………………4、5、15

す

随伴性 ……………………………………181
SWOT 分析 ………………………………50
趨勢損益計算書 …………………………59
趨勢分析 …………………………………58
スコアリング ……………………………151
スプレッド ………………………………112
スプレッド融資 ………………… 12、112
スワップ取引 ……………………………113

せ

制限能力者 ……………………… 173、182

生産性分析 ………………………55、56、82
正常価格 …………………………………170
正常先 …………………… 150、161、233、234
製造原価報告書 …………………………55
静態分析 ……………………………28、58
成長性 ……………………………………153
成長性の原則 ……………………………7
成長性分析 ………………………… 55、56
成年後見人 ……………………… 173、183
設備資金 ………………… 96、99、124、141、214
設備生産性 ………………………………83
設備投資 …………………………………227
設備投資計画 …………………… 126、129
設備投資効率 ……………………………83
占有改定 …………………………………178

そ

増加運転資金 ……………97、101、133、139、214
早期是正措置制度
　………………………12、20、144、146、230
増減法 ……………………………………57
総合口座融資 ……………………………109
総合利回り ………………………………215
相殺通知書 ………………………………247
総資本 ……………………………………62
総資本回転率 ……………………………63
総資本経常利益率 ………………58、62、63
増設投資 …………………………………124
側面調査 …………………………………41
その他要注意先 ……………… 150、160、235
損益計算書 ………………51、54、55、208、227
損益計算書分析 ……………………… 59、62
損益分岐点 ……………………………57、64
損益分岐点比率 …………………………65
損益分岐点分析 ………………………57、64
損害補填契約 ……………………………182

た

滞貨資金 ················· 135、140
第三者個人保証 ················ 183
第三者対抗要件 ················ 175
第三者担保提供意思 ·············· 26
貸借対照表 ········ 51、54、55、208、227
代理貸付繰上償還請求通知書 ······ 247
棚卸資産回転期間 ················ 64
棚卸資産回転率 ·················· 63
短期運転資金 ················ 97、101
短期貸出 ···················· 96、97
短期金利 ························ 97
短期資金 ·············· 96、97、122
短期資金融資 ····················· 97
単品商売 ························ 32
担保 ·················· 164、169、172
担保価格 ······················ 170
担保掛目 ·················· 170、171
担保価値 ·················· 170、248
担保権設定契約書 ··············· 175
担保権設定者 ··············· 173、174
担保差入意思 ··················· 174
担保差入人 ····················· 173
担保適格性 ····················· 170
担保フルカバー ················· 165
担保ポジション ················· 168
担保目的物 ············ 169、170、172
担保力 ························ 4、5
単名手形 ······················ 108

ち

地域密着型金融 ················· 239
中小企業再生支援協議会 ·········· 187
中小企業の債務者区分 ··········· 235
長期運転資金 ········· 96、100、141、214
長期貸出 ······················· 96

長期金利 ······················ 158
長期資金 ·················· 96、122
長期資金融資 ················ 96、97
直接償却 ·················· 250、252

つ

通貨オプション取引 ············· 114
通貨スワップ ··················· 113
つなぎ資金 ········ 102、134、140、214

て

抵当権 ···················· 177、178
DPO ························· 252
手形貸付 ··················· 97、108
手形割引 ··················· 97、106
デフォルト ················· 23、149
デフォルト確率（PD） ······· 23、149
デフォルト時エクスポージャー
　（EAD） ····················· 149
デフォルト時損失率（LGD） ····· 149
デフォルト・データ ········ 147、148
デリバティブ ··················· 113
典型担保 ······················ 177
電子記録化 ···················· 219
電子記録債権 ··················· 107
電子記録債権の割引 ············· 107

と

投下資本利益率 ··············· 56、59
登記または登録 ················· 176
登記留保扱い ··················· 176
当座貸越 ··················· 97、109
当座勘定解約通知書 ············· 247
当座勘定貸越約定書 ············· 109
当座勘定取引 ··················· 109
当座比率 ························ 69
動産・売掛金担保融資（ABL） ······ 118

倒産確率……………………………22
動産・債権譲渡特例法…………118、179
投資活動によるキャッシュフロー…79
投資計画書………………………209
投資効果………………96、127、129、223
投資CF…………………………79、81
投資利益率………………………129
投資利益率法……………………129
投資リスク………………………125
投資利回り………………………129
統制環境……………………………87
動態分析………………………28、58
投融資資金……………101、136、141
特定保証…………………………181
特定融資枠契約に関する法律……116
トップマネジメント………………45
取引採算………………159、197、215
取引シェア………………………214
取引評価……………………148、154
取引方針…………147、165、168、198、214
取引利回り………………………159

な

内部統制監査報告書………………86
内部統制システム…………………85
内部統制システムの基本方針……91

に

荷付為替手形……………………107
任意後見人…………………173、183
認定支援機関……………………187

ね

根担保……………………………145
根抵当権…………………………178
根保証……………………………145
根保証契約………………………181

の

ノンリコース型プロジェクト融資
　……………………………12、115
ノンリコースローン…………115、145

は

破綻懸念先………151、161、233、234
破綻先………………151、233、234
バルクセール……………………252

ひ

ヒアリング………………………210
PD（デフォルト率）……………149
比較損益計算書……………………59
引当て………………………138、250
非財務評価……………………151～153
備蓄資金……………………135、140
非典型担保………………………177
百分比損益計算書………………58、59
百分比貸借対照表…………………58
評価替え…………………………168
比率分析…………………58、66、67

ふ

付加価値……………………56、57、82
付加価値分析………………………82
付加価値率……………………82～84
付加価値労働生産性………………82
不稼動延滞融資…………………167
複合的投資…………………124、126
負債比率……………………………69
付従性……………………………180
付随業務…………………………110
付属明細書…………………………51
普通保証…………………………181
物的担保…………………………164

プット・オプション……………114
部店長決裁……………………201
部店内稟議……………………201
不動産担保………………171、172
フューチャー取引……………114
フリー・キャッシュフロー……81、155
プロジェクト融資……………115
粉飾……………………………55
分析結果………………………153
分離取得………………………172

へ

平均月商………………131、133
ペーパレス化…………………219
別冊・中小企業融資編………21
返済期間………………………120
返済財源………4、5、120、138、206、222
返済財源の確認………………138
返済条件………………………142
返済能力………4、25、138、166、214
返済方法…………………120、142
変動費………………………61、65
変動費率………………………65

ほ

貿易資金………………………102
包括根保証……………………188
法定代理人……………………183
法定担保物権…………………177
ポートフォリオ………………22
ポートフォリオ管理………147、148
補完的債務償還能力…………155
保佐人……………………173、183
補充性…………………………181
保証………………164、169、180
保証意思……………26、180、182
保証意思の確認………………183

保証債務……………………180、192
保証人………………169、180、182
保証能力……………168、180、182
保証履行請求通知書…………247
保証料…………………………110
補助人……………………173、183
保全バランス………………244、245
本部決裁……………………201、204

み

ミドルマーケット……………10

む

無税償却………………………250

め

目利き………………………28、29、30
目利き能力……………………18

も

問診……………………………210
問題点の有無………………213、215

や

約定担保物権…………………177
約束期間………………………116

ゆ

有形固定資産回転率…………84
融資確約枠……………………116
融資セールス…………………18
融資取上げのねらい………213、215
融資の5原則…………………3、14
融資稟議……………………196、200
融資稟議の3要件……………213
有税償却………………………250
輸出前貸資金………………102、134

輸入はね返り資金……………102、135

よ

要管理債権……………………235
要管理先………………150、160、235
要資事情………………………5、120
要注意先…………142、150、233〜235
預金通貨………………………11
与信業務………………………10
与信ポートフォリオ……………232

り

利益相反行為………………174、183
利鞘……………………………157
リスク管理体制…………………87
立地条件………………………126
留置権…………………………177
流動性の原則…………………7
流動性リスク…………………21
流動比率……………………58、69

リレーションシップバンキング
　………………………13、239
稟議……………………………196
稟議書…………196、197、212、213、218
稟議書の起案力………………200
稟議書の記述…………………216
稟議制度……………………196、201

れ

連帯保証………………………181

ろ

労働生産性……………………84
労働装備率……………………83
労働分配率……………………83、84
ローンレビュー…………………240

わ

割引手形……………………106、122
割引料…………………………106

事項索引　　261

〔法人融資手引シリーズ〕
融資審査【第3版】

平成27年8月27日　第1刷発行
（平成18年3月15日　初版発行）
（平成21年8月27日　第2版発行）

著　者　髙　橋　俊　樹
発行者　小　田　　徹
印刷所　三松堂印刷株式会社

〒160-8520　東京都新宿区南元町19
発　行　所　一般社団法人 金融財政事情研究会
編　集　部　TEL 03(3355)2251　FAX 03(3357)7416
販　　　売　株式会社きんざい
販売受付　TEL 03(3358)2891　FAX 03(3358)0037
URL http://www.kinzai.jp/

・本書の内容の一部あるいは全部を無断で複写・複製・転訳載すること、および磁気または光記録媒体、コンピュータネットワーク上等へ入力することは、法律で認められた場合を除き、著作者および出版社の権利の侵害となります。
・落丁・乱丁本はお取替えいたします。定価はカバーに表示してあります。

ISBN978-4-322-12815-4